U0938735

煤炭堆存、装卸过程应税污染物排放量抽样测算方法研究

郝春旭　葛察忠　任　婧　李　燃　胡　睿　董战峰　编著

中国环境出版集团・北京

图书在版编目（CIP）数据

煤炭堆存、装卸过程应税污染物排放量抽样测算方法研究/郝春旭等编著. —北京：中国环境出版集团，2021.12
ISBN 978-7-5111-4358-7

Ⅰ. ①煤… Ⅱ. ①郝… Ⅲ. ①煤炭企业—环境税—税收管理—研究—中国②煤炭企业—排污量—抽样检验—测算—研究—中国 Ⅳ. ①F812.424②X757

中国版本图书馆 CIP 数据核字（2020）第 102327 号

出 版 人 武德凯
责任编辑 陈雪云
责任校对 任 丽
封面设计 宋 瑞

更多信息，请关注
中国环境出版集团
第一分社

出版发行 中国环境出版集团
（100062 北京市东城区广渠门内大街 16 号）
网 址：http://www.cesp.com.cn
电子邮箱：bjgl@cesp.com.cn
联系电话：010-67112765（编辑管理部）
010-67112735（第一分社）
发行热线：010-67125803，010-67113405（传真）

印 刷 北京中科印刷有限公司
经 销 各地新华书店
版 次 2021 年 12 月第 1 版
印 次 2021 年 12 月第 1 次印刷
开 本 787×1092 1/16
印 张 9.25
字 数 170 千字
定 价 65.00 元

前 言

环境保护税是运用经济手段有效地促进污染治理和新技术的发展，使污染者承担一定污染防治费用的法律制度。开征环境保护税能够促使企业采用新技术来加强排污治理，降低废气等污染物排放，对于保护和改善环境、推进生态文明建设具有重要意义。根据《环境保护税法》的规定，无法实际监测且无法按照生态环境部规定的排污系数、物料衡算方法计算的，按照省级生态环境部门规定的抽样测算方法核定计算。煤炭堆存、装卸过程属于无组织排放，目前尚无相关技术规范明确可以通过监测数据计算无组织排放源的排放量。科学合理地核算企业煤炭堆存、装卸过程应税污染物排放量直接关系到企业发展的切实利益。

本书开展煤炭堆存、装卸过程应税污染物排放量抽样测算方法研究，能够为环境保护税的申报与管理提供技术支撑与参考，为生态环境主管部门与税务部门指导企业申报环境保护税提供科学依据。全书共分为三个板块，由 11 章组成。第一板块包括第 1～2 章，第 1 章为研究背景，系统介绍了我国大气颗粒物污染现状，以及环境保护税征收政策背景；第 2 章为研究目标与范围界定，明确了本书研究的目标、范围、方法和技术路线。第二板块为第 3～5 章，第 3 章为大气污染物的概述，具体介绍了大气污染物的模拟模型、扩散模式、监测方法及防治举措；第 4 章为煤炭堆存、装卸产污环节分析，对比分析了我国传统煤炭堆存、装卸产污环节，与世界主要煤炭码头作业工艺进行比较，明确重点产污环节；第 5 章为煤炭堆存、装卸应税污染物排放量测算方法与国内实践，系统梳理了国内外相关颗粒物排放量测算方法，结合我国其他省（区、市）排放量测算办法总结实践经验。第三板块为第 6～11 章，第 6～8 章介绍了煤炭堆存、装卸应税污染物排放量抽样调查方案、监测方案和测算方法确定；第 9 章以天津港中煤华能煤码头有限公司为例，开展天津港煤码头颗粒物核算与压力预测；第 10 章总结煤炭堆存、装卸颗粒物排放量测算研究的结论，提出政策建议；第 11 章阐述天津港煤码头颗粒物排放量测算研究的不确定性。

本书在编写过程中，得到了生态环境部信息中心、天津市生态环境局、中国环境科学研究院、中国环境监测总站、天津市生态环境监测中心、北京市环境保护科学研究院、中国人民大学、南开大学、天津大学等单位专家的大力支持和指导，在此表示衷心的感谢！本书的研究成果得到了天津市生态环境局“煤炭堆存、装卸过程应税污染物排放量抽样测算办法研究”课题（天津市财政预算项目）、天津港“中煤华能煤码头有限公司颗粒物排放量核算与管控对策研究”课题的支持，在此表示感谢！感谢生态环境部环境规划院葛察忠研究员、董战峰研究员、胡睿工程师，感谢天津市生态环境科学研究院李燃高级工程师，感谢辽宁大学任婧博士、鄢雨朦硕士研究生、刘述凤硕士研究生、李皓芯硕士研究生等对本书出版的重要贡献，本书的出版离不开他们辛勤卓越的工作。特别感谢中国环境出版集团对本书出版工作的大力支持，他们高效的编辑工作为本书的顺利出版提供了保障。最后，请允许我代表各位作者向所有为本书出版做出贡献、提供帮助的朋友和同仁一并表示衷心的感谢！

郝春旭

2020 年 5 月 17 日

执行摘要

2018 年 1 月，我国《环境保护税法》开始实施，标志着我国进入通过税收杠杆引导排污单位减少污染物排放的新阶段，按照税法要求，各地陆续开展其他行业污染物排放量计算方法研究，完善应税污染物核算方法，科学合理地指导本地企业完成环境税申报工作。2018 年 10 月，财政部、国家税务总局、生态环境部联合下发《关于明确环境保护税应税污染物适用等有关问题的通知》（财税〔2018〕117 号）进一步明确了环境保护税应税污染物适用等有关问题，保障《环境保护税法》及其实施条例有效实施。2021 年 4 月，生态环境部、财政部、税务总局《关于发布计算环境保护税应税污染物排放量的排污系数和物料衡算方法的公告》（生态环境部、财政部、税务总局公告 2021 年第 16 号），进一步规范了因排放污染物种类多等原因不具备监测条件的排污单位应税污染物排放量计算方法。

一、煤炭水路运输能力增长迅猛，在煤炭堆存、装卸过程中会产生粉尘排放，对大气环境造成影响

2018 年，我国煤炭的水路运输能力和港口建设增长迅猛，沿海港口目前煤炭一次下水量年增速为 10.67%。受煤炭产量格局及消费格局的影响，我国煤炭的运输规律是“北煤南调”“西煤东调”及煤炭出口。全国沿海港口共划分为环渤海、长江三角洲、东南沿海、珠江三角洲和西南沿海 5 个港口群体。在煤运体系中，北方由秦皇岛港、天津港、黄骅港、日照港、唐山港、青岛港、连云港七大装船港组成，其中，秦皇岛港煤炭设计通过能力 1.93 亿 t；天津港设计煤炭运输能力为 4 000 万 t/a，设计堆存能力 300 万 t；黄骅港建成吞吐量连续 3 年突破亿吨；日照港设计年吞吐能力 3 500 万 t，煤炭堆存能力为 350 万 t。煤炭装卸、输送、堆取、堆场存放等作业过程中，搅动、落差或大风产生的扬尘是主要污染源，主要产排污环节包括堆料机作业过程中的粉尘排放、取料机作业过程中的粉尘排放、翻车机作业过程中的粉尘排放、堆存存放过程中煤炭在风力作用下的粉尘排放以及皮带机作业过程中转接塔的粉尘排放。

二、各地煤炭堆存、装卸应税污染物核算办法不一，亟待国家出台统一的应税污染物排放量计算方法

生态环境部、财政部、税务总局《关于发布计算环境保护税应税污染物排放量的排污系数和物料衡算方法的公告》（生态环境部、财政部、税务总局公告 2021 年第 16 号），明确了煤炭开采和洗选等行业所适用的工业行业产排污系数手册，尚未涵盖煤炭堆存、装卸行业。全国各地煤炭堆存、装卸应税污染物核算办法不一，广州港、秦皇岛港、黄骅港、宁波港确定排污系数为 4.97 kg/装卸吨煤，由企业自主申报；大连港参照钢铁行业排污系数测算；天津市率先出台煤炭堆存、装卸过程颗粒物排放量抽样测算方法，并发布污染物排放核算工具。

三、建议煤炭堆存、装卸应税污染物核算采用静态扬尘量与动态扬尘量相结合的测算方法，推荐使用核算工具

煤炭堆存、装卸过程大气应税污染物包括煤炭堆存静态风蚀起尘和动态堆取、装卸作业扬尘；静态风蚀起尘量计算方法参照环境保护部 2015 年出台的《扬尘源颗粒物排放清单编制技术指南（试行）》执行。动态堆取、装卸作业扬尘量计算方法符合实测法标准的采用本研究开发的计算工具，按照监测数据计算，数据参数说明了大气污染物的种类及其浓度，用于后续分析其时空分布和变化规律以及相关计算。其中，纳税人安装使用符合国家和天津市规定与监测规范的污染物自动监测设备的，优先采用实测法按照污染物自动监测数据计算；未安装使用污染物自动监测设备的，采用基于抽样测算的排污系数方法计算，其中的数据来自监测机构采用实测法得到的符合国家和天津市有关规定及监测规范的监测数据。

四、建议完善应税污染物排放量测算办法，进一步健全环境保护税制度体系，加强企业监督，完善自行监测信息公开制度

建立健全环境保护税制度体系，完善应税污染物排放量测算办法。为科学合理地指导企业核算企业煤炭堆存、装卸过程应税污染物的排放量，申报环境保护税，政府部门应尽快建立健全相关法律体系。同时，应结合地方发展需求和作业特点，出台适合地方的应税污染物排放量测算办法，保护企业在发展利益的同时做好环境保护税申报工作。

加强跨部门协作，做好环境税征管机制保障。在环境保护税制度下，其核定和征缴责任分属于生态环境部门和税务机关，专业性强、征管难度大，要合理界定生态环境部门污染监测职责和税务部门征管职责，通过密切协作形成合力，打通部门壁垒，为征管新税种做好机制保障。

完善自行监测信息公开制度，加强企业监管。督促国控企业按照要求自行监测信息公开，规范执行监测方案，及时公布监测数据。同时监管部门要进一步加强对于辖区内企业自行监测及信息公开的监管，切实履行监管职责，建立完善企业自行监测数据发布平台，定期开展自查，保障排放数据的真实性。对于执行方案不到位、公布数据不及时的企业，要求其限期整改；对于拒不公布数据、监测数据超标、信息弄虚作假的企业，依法对其追责处理。

目　录

第 1 章　研究背景

1.1　我国能源结构

我国北方从山西、内蒙古一直向西延伸至宁夏、陕西、新疆等省份，是世界上煤炭蕴藏量最为丰富的地区之一。我国是世界上最大的煤炭生产国和消费国，从我国的资源构成和产业政策来看，在今后很长一段时间内国内的能源消耗仍将以煤炭为主。煤炭作为我国的主要能源，已占我国整个能源生产和消费的 70%以上。

我国国内煤炭运输主要依靠铁路、公路、沿海和内河水运。铁路煤炭运输具有安全、稳定、运量大、成本低等优点，是主要的运输方式。我国主要煤炭运输铁路干线分为北路、中路、南路三大通道。其中北路主要包括大秦铁路和神朔黄铁路，中路主要包括石太线、邯长线、邯济线等铁路干线，南路主要包括侯月线、陇海线等铁路干线。这三大通道可直达中国沿海各大港口，成为“海铁联运”的主要铁路干线。而国内沿海和内河运输也承担了煤炭运输的一定比例。随着我国不断加强内河航道建设，东南部沿海煤炭运输和长江航道、京杭大运河越来越多地承载了沿海“北煤南运”、内河“西煤东运”的重要任务。公路运煤以小批量、短距离、高时效为准则，承载着铁路站点至需求目的地的门到门的运输，由于铁路运力不断增长，公路运煤量呈快速增加的势头。

我国产煤大省（区）主要集中在山西、陕西、内蒙古等西北部地区，这些地区的储煤量占全国的 76.46%以上，原煤产量接近全国的 46.28%。而我国东部和南部地区集中了如上海、浙江、江苏、湖南、广东、福建、海南等经济大省（市），由于工业化进程快，经济发展迅速，煤炭这样的基础能源供给不足。因此“北煤南运”“西煤东运”的运输战略一直在执行。由此可见，保证煤炭运输及时、有效，大力发展铁路及煤炭码头的建设，积极实施“海铁联运”的战略，对保障我国经济发展、人民正常生活具有重大意义。

1.2 我国大气颗粒物污染现状及危害

1.2.1 污染现状

工矿企业的污染物排放对大气环境造成严重污染，给城市大气颗粒物的污染防治工作带来挑战。当前，我国城市人口密度不断变大，能源消耗量上升，导致城市受到颗粒物的污染。部分城市经常出现灰霾天气，能见度较低。其中，$PM_{2.5}$（细颗粒物）可以通过呼吸道进入人体，引起呼吸系统疾病，增加了人们的死亡风险。

调查发现，灰霾与 $PM_{2.5}$ 关系紧密，大气能见度是体现灰霾严重程度的指示性指标。因为 $PM_{2.5}$ 受到气象条件、污染物排放量等多种因素的制约，其在我国不同季节和不同地区的具体拟合关系不同。例如，我国依据黑河—腾冲这条分界线分成西北与东南区域，而东部、西部地区的能见度具有明显差异。甘肃、内蒙古、新疆、宁夏、西藏等地的能见度一般大于 20 km，而东南部区域的能见度一般小于 20 km。数据显示，近年来，我国平均能见度呈现下降趋势，个别城市的情况有所改善，但是以京津冀地区为首的区域能见度小于 10 km，同时颗粒物污染的分布形式由之前的点状转化为片状或带状。因为 $PM_{2.5}$ 的主要组成物质有硫酸盐、有机物、铵盐、硝酸盐、碳元素，具体的成分比例按照区域和季节的不同有所差异，与成因和气候有较大的关系。$PM_{2.5}$ 中主要离子占比为 15%～60%，元素碳占比为 4%～10%，有机物占比为 20%～55%。

近 10 年的污染物数据显示，北京市的 $PM_{2.5}$ 中，硫酸盐占比为 17%～37%，有机物占比为 20%～32%，元素碳占比为 5%～8%。由此可以看出，近年来，$PM_{2.5}$ 中硝酸盐、硫酸盐、有机物的含量占比较高。在重度污染的情况下，粒径小的颗粒物占比较往常略高，这体现了治理重度污染需要从防治细颗粒物着手。

1.2.2 大气颗粒物的危害

大气颗粒物在进入人体后，损害人们的心肺功能，引发一系列的呼吸系统疾病，甚至诱发肺癌。假如 $PM_{2.5}$ 进入人们的呼吸系统，将不易排出，会长期留存在身体内。同时，大气细颗粒物可以穿过呼吸道中的毛发状防御系统进入人体内部，引发其他疾病。$PM_{2.5}$主要通过两种形式导致人体患心血管疾病：一是通过改变自主神经；二是通过引发炎症进而产生继发的高凝症状。相关研究显示，在大气颗粒物污染较严重的区域生活的人群死亡率明显高于其他区域的人群。吸收大气颗粒物剂量与人体暴露在该环境的时间和颗粒物浓度相关。一般来说，大气颗粒物的浓度越高，在其中暴露时间越长，对人体健康的损害程度越大。

大气颗粒物对阳光有吸收和散射的功能，吸收效应主要受炭黑颗粒物的影响，从不同方面减少光照强度，导致人们的视野受到限制，能见度下降，交通拥堵，使人们的心理健康受到不同程度的消极影响。大量的$PM_{2.5}$长期在空中飘浮将会导致空气的污染和浑浊，甚至产生雾霾等现象，对人们的身体健康造成伤害。雨水中同样存在$PM_{2.5}$，$PM_{2.5}$会吸收空气中的水分，空气中$PM_{2.5}$的增加会导致暴雨天气。

大气颗粒物污染可以从局部扩散至周围地区甚至全球，对人们的身体健康和环境造成损害。大气颗粒物的成因和来源具有综合性，较为复杂。由于大气颗粒物污染具有较强的区域差异，传统的单一区域污染治理无法契合当前大气颗粒物的治理需要，因此，人们需要因地制宜地制定污染防治策略，改善大气质量。

2013年9月，国务院出台《大气污染防治行动计划》，提出到2017年，力争达到重点区域空气质量明显改善、重污染天气发生频次明显减少、京津冀区域细颗粒物（$PM_{2.5}$）下降25%的目标，经过近5年的努力，到2017年该目标已经得以实现。《大气污染防治行动计划》实施以来京津冀区域环境空气质量整体演变及其污染特征，仍是未来空气质量持续改善政策制定的重要依据。

随着我国煤炭消费总量的增长，煤炭的铁路运量和港口吞吐量也将进一步增加。港口是煤炭运输中一个重要环节，其中，秦皇岛、天津、青岛、上海、深圳等21个主要枢纽港口的煤炭运量占整个沿海地区煤炭运量的95%以上。在煤炭中转贮运的过程中，大量的粉尘被释放出来，使这些港口城市成为粉尘污染的重点区域。港口粉尘的扩散和迁移，已经成为中国沿海城市大气污染的主要来源之一。目前全国尚无统一的煤炭码头颗粒物排放标准，这影响着煤炭码头颗粒物面源污染控制工作的有效开展。

2018年9月，《京津冀及周边地区2018—2019年秋冬季大气污染综合治理攻坚行动方案》（以下简称《攻坚行动方案》）正式发布。《攻坚行动方案》指出，2018年1—8月，京津冀及周边地区环境空气质量呈现稳中向好趋势，但成效并不稳固，特别是秋冬季大气环境形势依然严峻。同时提出要求“京津冀及周边地区细颗粒物（$PM_{2.5}$）平均浓度同比下降 3%左右，重度及以上污染天数同比减少 3%左右”。

近年来，京津冀地区钢铁行业发展势头强劲，2016 年粗钢产量达到 2.11 亿 t，占全国总产量的 26%。此外，根据天津市 2017 年大气颗粒物污染本地排放源解析，燃煤电厂贡献率为 8%。钢铁行业和火电行业均属于能源密集型产业，在生产作业过程中会消耗大量煤炭资源，产生 SO_2、NO_x 和粉尘等大气污染物，同时带来严重的碳减排压力。

1.3 环境保护税

环境保护税是运用经济手段有效地促进污染治理和新技术的发展，使污染者承担一定污染防治费用的法律制度，是“污染者负担”原则的具体体现。为了贯彻落实绿色发展理念、保护和改善环境、减少污染物排放、推进生态文明建设，根据《中华人民共和国环境保护税法》(以下简称《环境保护税法》)，直接向向环境排放应税污染物的企业事业单位和其他生产经营者征收环境保护税。

《环境保护税法》自 2018 年 1 月 1 日起实施，开征环境保护税能够促使企业采用新技术加强排污治理，降低废气等污染物排放，对于保护和改善环境、推进生态文明建设具有重要意义。

应税污染物，是指《环境保护税法》所附《环境保护税税目税额表》《应税污染物和当量值表》规定的大气污染物、水污染物、固体废物和噪声。根据《环境保护税法》的规定，无法实际监测且无法按照生态环境部规定的排污系数、物料衡算方法计算的，按照省级生态环境部门规定的抽样测算方法核定计算。

《环境保护税法》第十三条规定，纳税人排放应税大气污染物或者水污染物的浓度值低于排放标准 30%的，减按 75%征收环境保护税；低于排放标准 50%的，减按 50%征收环境保护税。实行多排多征、少排少征、不排不征和高危多征、低危少征的正向减排激励机制。

燃烧产生废气中的颗粒物，按照烟尘征收环境保护税；排放的扬尘、工业粉尘等颗粒物，除可以确定为烟尘、石棉尘、玻璃棉尘、炭黑尘的以外，按照一般性粉尘征收环境保护税。煤炭堆存、装卸过程属于无组织排放，目前尚无相关技术规范明确可以通过监测数据计算无组织排放源的排放量。生态环境部、财政部、税务总局《关于发布计算环境保护税应税污染物排放量的排污系数和物料衡算方法的公告》(生态环境部、财政部、税务总局公告 2021 年第 16 号)，涵盖了包括煤炭开采和洗选业等行业多个工业行业产排污系数手册，但是，其中未明确煤炭堆存、装卸过程应税污染物排放量计算方法。科学、合理地核算企业煤炭堆存、装卸过程应税污染物排放量直接关系到企业发展的切实利益。

第 2 章　研究目标与范围界定

大气粉尘污染防控尚需持续攻坚。2018 年 6 月，国务院印发《打赢蓝天保卫战三年行动计划》，明确大气污染防治工作的总体思路、基本目标和主要任务。2018 年 9—11 月，京津冀及周边地区、长三角地区、汾渭平原等重点区域相继制定出台实施秋冬季攻坚方案，精准施策，细化重点城市项目措施。《攻坚行动方案》提出要求京津冀及周边地区、长三角地区 $PM_{2.5}$ 平均浓度同比下降 3%左右，重度及以上污染天数同比减少 3%左右；汾渭平原 $PM_{2.5}$ 平均浓度同比下降 4%左右，重度及以上污染天数同比减少 4%左右。

煤炭堆取作业进一步加大颗粒物排放控制难度。目前，在我国煤炭料堆一般采用露天堆场堆存的形式，通过在堆场上布置大型堆、取料设备及皮带机，完成煤炭的卸料堆存和取料装船运输的作业。随着近年来铁矿石、煤炭等易扬尘货种吞吐量的快速增长，作业量大幅增加，煤炭作业排放颗粒物污染控制的难度和压力进一步加大。

2.1　研究目标

贯彻落实国务院《大气污染防治行动计划》，研究建立符合实际情况的煤炭堆存、装卸过程应税污染物排放量抽样测算方法，形成政策建议文本，为进一步落实排污费改税制度提供技术支撑，为改善空气环境质量、利用经济杠杆手段减少煤炭堆存与装卸的过程对大气环境的污染提供科学依据。

2.2　研究范围界定

根据财政部、国家税务总局、生态环境部出台的《关于明确环境保护税应税污染物适用等有关问题的通知》（财税〔2018〕117 号），“排放的扬尘、工业粉尘等颗粒物，除可以确定为烟尘、石棉尘、玻璃棉尘、炭黑尘的以外，按照一般性粉尘征收环境保护税”，因此本书中的研究对象——煤炭堆存、装卸过程产生的应税污染物，按一般性粉尘征税。

因此，结合工业布局和大气污染源解析结果，本书重点针对港口码头的煤炭堆存、装卸过程产生的应税污染物排放量开展抽样测算方法研究。

2.3 研究方法

2.3.1 研究依据

①《环境空气质量标准》（GB 3095—2012）。

②《大气污染物综合排放标准》（GB 16297—1996）。

③《大气污染物无组织排放监测技术导则》（HJ/T 55—2000）。

④《环境监测质量管理技术导则》（HJ 630—2011）。

⑤《环境空气质量评价技术规范（试行）》（HJ 663—2013）。

⑥《环境空气质量指数（AQI）技术规定（试行）》（HJ 633—2012）。

⑦《环境监测技术规范》。

⑧《环境空气监测质量保证手册》。

⑨《工作场所空气中粉尘测定　第 1 部分：总粉尘浓度》（GBZ/T 192.1—2007）、《工作场所空气中粉尘测定　第 3 部分：粉尘分散度》（GBZ/T 192.3—2007）、《工作场所空气中粉尘测定　第 4 部分：游离二氧化硅含量》（GBZ/T 192.4—2007）。

⑩《固定污染源排气中颗粒物测定与气态污染物采样方法》（GB/T 16157—1996）。

⑪《环境空气　总悬浮颗粒物的测定　重量法》（GB/T 15432—1995）。

⑫《环境空气　PM_{10} 和 $PM_{2.5}$ 的测定　重量法》（HJ 618—2011）。

⑬《扬尘源颗粒物排放清单编制技术指南（试行）》。

2.3.2 研究方法

（1）文献综述法

对与煤炭堆存、装卸过程应税污染物排放量核算相关的各种政策、文献资料进行收集、整理、分析与总结，了解国内外煤炭堆存、装卸过程应税污染物排放量核算进展、发展趋势，为制定煤炭堆存、装卸过程应税污染物排放量核算办法提供借鉴经验和理论依据。

（2）实地调研法

通过背景资料研究、典型煤炭堆存和装卸区域与类型等实地调研，系统了解煤炭堆存、装卸过程的主要产污环节，通过实际监测，采取简单随机抽样的方式，获得污染物排放数据。

（3）部门访谈法

通过对生态环境局、地税局进行访谈，重点了解生态环境部门与地税机关关注的重点问题和政策需求，另外听取其对煤炭堆存、装卸过程应税污染物排放量核算的有关意见和想法。

（4）专家咨询法

通过对科研单位和高等院校煤炭堆存、装卸过程应税污染物排放量核算相关专家进行座谈咨询，明确相关专家对煤炭堆存、装卸过程应税污染物排放量核算的意见和想法，为煤炭堆存、装卸过程应税污染物排放量核算办法的制定提供借鉴经验。

2.4 技术路线

煤炭堆存、装卸过程应税污染物排放量的研究技术路线如图 2-1 所示。

研究准备		污染物核算方法研究		污染物排放的抽样检测		排污系数的推算		结论与建议
· 实地踏勘、政策文献研究； · 确定研究对象和范围； · 先进经验总结	→	· 传统行业颗粒物排放量核算方法综述； · 对比、筛选颗粒物排放量核算方法，确定港口码头粉尘污染物扩散模式	→	· 抽样调查与方案的制订；抽样范围和对象、抽样方式、数据处理方法； · 颗粒物排放量监测：监测区域、监测点位、监测时间和监测项目	→	· 污染物排放计算； · 排污系数核算； · 实测—地面浓度反推法、物料衡算法、排污系数法结果探究	→	· 形成研究报告与政策建议

图 2-1 技术路线

2.4.1　研究准备

（1）明确项目研究范围

明确煤炭堆存、装卸过程应税污染物排放量的研究对象范围：通过实地踏勘、政策文献研究等方式，结合工业布局和精细化大气污染源排放清单的实际情况，确定港口码头煤场堆存、装卸过程应税污染物为本次抽样调查的对象。

（2）总结先进经验

排放量测算方法综述，其他省份测算经验比较，总结国内外先进经验。

2.4.2　污染物核算方法研究

比较分析传统行业颗粒物排放量核算所采用的实测—地面浓度反推法、物料衡算法、排污系数法等方法，依据扬尘量、煤炭物理特性、我国港口煤炭堆场天气及地理特征，筛选优化港口码头粉尘污染物扩散模式，用于排污量和排污系数的核算。

2.4.3　污染物排放的抽样监测

（1）污染物排放量抽样调查方案的制定

根据煤场堆存、装卸的实际情况以及统计学抽样调查的基本要求，科学合理地制定煤场堆存、装卸过程中应税污染物排放量的抽样统计方案：确定抽样调查范围与调查对象、抽样方式方法及抽样数据的处理方法。

（2）开展颗粒物排放量监测

选择典型区域，布设监测点位，确定监测时间与监测项目。

2.4.4　排污系数的推算

结合筛选优化后的污染物扩散模型，核算颗粒物排放量，确定排污系数，探索研究煤场堆存、装卸过程中应税污染物的排放量核算的实测—地面浓度反推法、物料衡算法以及排污系数法等方法。

2.4.5 结论与建议

根据排放量抽样调查得到的数据结果，采用文献资料研究与实地调研的方式，通过定性和定量相结合的方法，总结分析现阶段煤场堆存、装卸过程中应税污染物的排放量抽样调查结果，形成煤炭堆存、装卸过程应税污染物排放量抽样测算的研究报告和政策建议文本。

第 3 章　大气污染物扩散与监测方法

3.1　大气污染物扩散的模拟

污染物扩散的模拟与预测通过建立大气扩散模型，预测并模拟大气环境变化，对城市大气污染控制、区域生态建设以及城市环境规划建设具有重要的实际应用价值，也给区域大气环境质量的改良带来极大帮助，是研究人与环境相互影响的主要途径。

大气扩散模型是空气质量模型中最重要也是最基本的一种分析大气扩散的数学模型，主要描述污染物在大气中的扩散和稀释作用，将污染物在大气环境中的烟气抬升，干、湿沉积和化学转化过程，通过某种形式的过程参数来描述，最终确定参数和计算公式。扩散模型结合风速、风向、温度和混合高度来模拟大气环境并估测污染物在传播过程中的浓度，结合大气化学转化估算空气中的二级污染物。根据与污染源的距离、气象条件（风速等）的变化以及时间的变化等可确定一个污染源对一个区域的影响。

建立模型是为了估算污染物随着时间变化的浓度，它可以用于新污染源审查或评价减排、计划建立新电厂、调整烟囱高度、预测污染物演变、管理存在的排放源及评价环保政策等。

3.1.1　高斯模型

高斯模型是一种经验模型。大量实验表明高斯分布是污染物浓度分布的近似形式。污染物在大气中的扩散、输送和转化与地区的排放源、气象、地形等特征有关，还涉及一系列物理化学过程，十分复杂。

高斯模型广泛应用于大气扩散模型中。高斯模型基于稳定状态，在坐标系的 x 方向上随风速成非随机变化，而羽流在稳定的 y 方向和垂直的 z 方向呈高斯分布（图 3-1）。

烟羽的扩散宽度由s_y和s_z决定，这两个参数与大气稳定度和污染物到观测站的距离有关。烟羽模型的局限是在考虑颗粒扩散模型时采用的是稳定态估算，并没有考虑污染物扩散到观测站所需要的时间。风速很大时，污染物在 x 方向上的扩散与对流相比，可以忽略不计；而当风速小于 1 m/s 时，高斯烟羽模型准确性降低，不能清楚地解释在复杂风场中弯曲的烟羽轨迹和变化的风场条件，不能用于处理复杂地形的低风速情况。

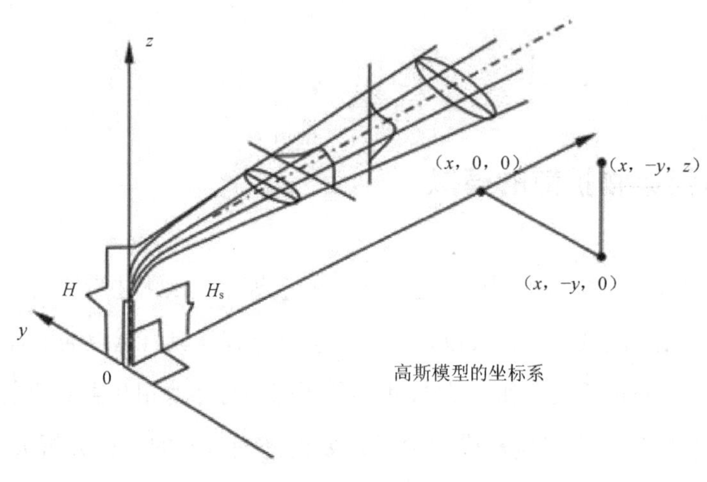

图 3-1　高斯模型

3.1.2　ADMS 模型

英国剑桥环境研究公司（CERC）与英国气象局和 Surrey 大学等机构合作开发的 ADMS（Atmospheric Dispersion Modeling System）系列模型，是目前国际大气扩散主流模型之一，在全世界已有几百家授权用户。作为新一代稳态大气扩散模型，ADMS 模型将最新的大气边界层和大气扩散理论应用到空气污染物扩散模式中，应用了基于 Monin-Obukhov 长度和边界层高度描述边界层结构参数的现有的最新大气物理理论，与老一代模型相比有着质的飞跃。ADMS 模型自 2000 年进入中国以来，已在全国各地得到广泛的应用。该模型于 2001 年获得我国环境保护总局环境工程评估中心认证证书，被《环境影响评价技术导则　大气环境》（HJ 2.2—2018）列为大气环境影响预测与评估推荐模型之一。

ADMS 模型使用条件较广，可以模拟体源、线源、面源、点源的传输与扩散；同时，也用于有一定高度的、近地面或者地面的污染源排放的浓度预测；也可以针对不同的地形参数设定，对一些复杂地形进行污染源扩散模拟；该模型预测的区域较广，最大可以达到数百千米。

ADMS 模型近些年逐渐被国内的环保工作者所接受，在《环境影响评价技术导则　大气环境》（HJ 2.2—2018）中，该模型被推荐为大气环境影响预测与评估的指定模型。在环境预测评估中选用 ADMS 模型主要有以下两个优点：①ADMS 模型对气象数据要求较低，在预测模拟时并不需要不易采集的高空气象数据，使整个模拟过程更为简单；②ADMS 模型采用了最新的大气结构物理参数知识，应用了最新的 Monin-Obukhov 长度和边界层高度。

英国剑桥环境研究公司基于 ADMS 模型又开发出了不同类型的 ADMS 模型软件，主要有以下几种：ADMS-Screen（ADMS-筛选）、ADMS-EIA（ADMS-环评）、ADMS-Roads（ADMS-道路）、ADMS-Industrial（ADMS-工业）、ADMS-Urban（ADMS-城市）。其中 ADMS-Urban 模型最为复杂，也是在所有 ADMS 系列模型软件中功能最全的，可以模拟整个城市或者较大区域内的污染物浓度及完成对整个预测区间内的空气质量评定。同时 ADMS-Urban 本身具有一个较为完整的地理信息系统（GIS）功能和光化学反应模式。地理信息系统允许用户产生一个分辨率较高的污染物浓度图，可以清晰分辨出不同污染源对预测结果的影响。

ADMS 模型为《环境影响评价技术导则　大气环境》（HJ 2.2—2018）推荐模型，在国内外得到了广泛应用，但在预测与模拟时由于操作人员对操作方法理解、结果分析以及参数来源等方面存在差异，导致结果出现差异。因此对不同的参数进行分析显得尤为重要，同时这也是保证测量准确、达到预测要求的必要条件。目前，ADMS 模型应用较广，生态环境部已经计划向国内引入。国内外学者把 ADMS 模型与其他模型进行对比发现，ADMS 模型对大气污染物的预测、模拟能力要好于其他模型，应用该模型预测环境质量所得结果都与实测值较为接近。ADMS 模型也在不断完善改进，并根据实际经验对模型进行修正，以更好地为环保工作者提供帮助。同时，我国的环保工作者也对 ADMS 模型的敏感参数进行细化，这也为我们更好地使用该模型提供帮助。对 ADMS 模型进行研究，可以为我国的环境污染物预测模拟奠定基础。

3.1.3　拉格朗日模型

拉格朗日法又称随体法，它跟随流体质点运动，记录该质点在运动过程中物理量随时间的变化规律。拉格朗日法研究的是以单个流体质点运动过程为基础，综合所有质点运动，构成整个流体的运动。拉格朗日法研究的是以单个流体质点运动过程作为基础，综合所有质点运动，构成整个流体的运动。简单地说，拉格朗日观点认为“空气颗粒”从传感器接收信息，观测者随着流动的“空气颗粒”的移动而移动（图 3-2）。以某一起始时刻每个质点的坐标位置（*a*、*b*、*c*）为该质点的标志。任何时刻任意质点在空间的位置（*x*、*y*、*z*）都可以看作（*a*、*b*、*c*）和 *t* 的函数。拉格朗日观点采用的是“空气颗粒”，与空气流是紧密相连的。污染物的轨迹建模方法即为假定一个气体颗粒物保持的状态，之后把点连成简单的线来描述其运动（图 3-3）。

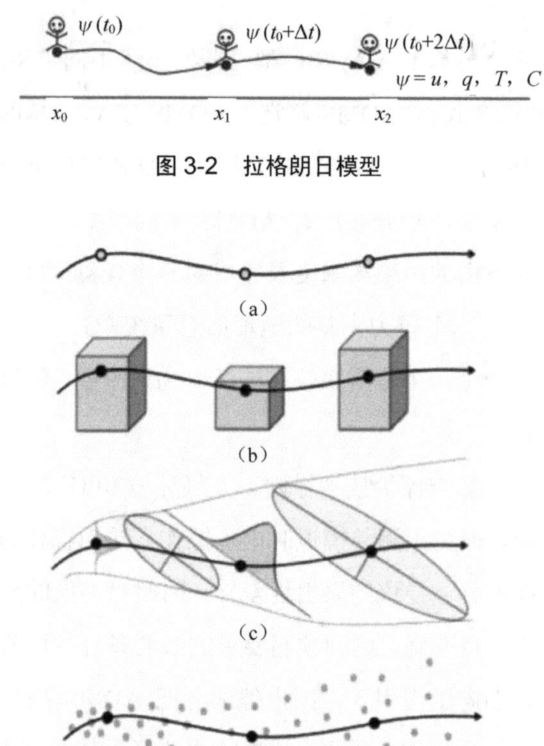

图 3-2　拉格朗日模型

图 3-3　拉格朗日运动轨迹

拉格朗日模型（LPDMs）是限定一个箱子作为污染物初始浓度流动区域，当污染物沿风向移动时遵循箱子轨迹。污染源的浓度是污染物从 x_0 移动到 x_1 时的概率密度函数。拉格朗日模型中浓度变化受平均流速、湍流因素和分子扩散的影响，仅适用于平坦地形下均匀和静止条件及复杂地形下不均匀和不稳定条件的情况。拉格朗日模型的颗粒具有特殊属性：它们足够小，使得它们可以无变形地跟所有湍流涡旋运动；但它们又足够大，可以和分子间的平均距离相比较，所以它们可以跟踪许多颗粒物，来研究其浓度变化。拉格朗日模型的优点是可以处理湍流扩散和烟团没有分裂时的平均风速切变时的作用。然而，为了更好地描述烟羽扩散特性，经常需要在 3 个维度下跟踪数千颗粒物，其过程很复杂并且计算也很昂贵，计算成本往往是被 LPDMs 带来的益处抵消。

3.1.4　欧拉模型

从欧拉角度来看，尽管流动的空气颗粒在移动，但观测者的位置是固定的（图 3-4）。拉格朗日模型和欧拉模型存在补充性。欧拉模型体现的是观测者在一个固定的位置所看到的变化，一般采用典型的地面测量或固定网格单元来建模。欧拉模型是基于空间内被固定的网格，每个网格点的平流和污染物扩散是基于本地的浓度梯度并根据菲克定律[①]来计算的。欧拉模型在长距离上是准确的，但它的分辨率低，往往只有 10 km。它的计算是密集型，随着分辨率的增加，计算量也随之增加。这种模型的主要优点是不同于简单的扩散模型，它能够处理复杂的化学反应，主要用于光化学烟雾的预测。欧拉模型的主要思想是解决大气传输方程。

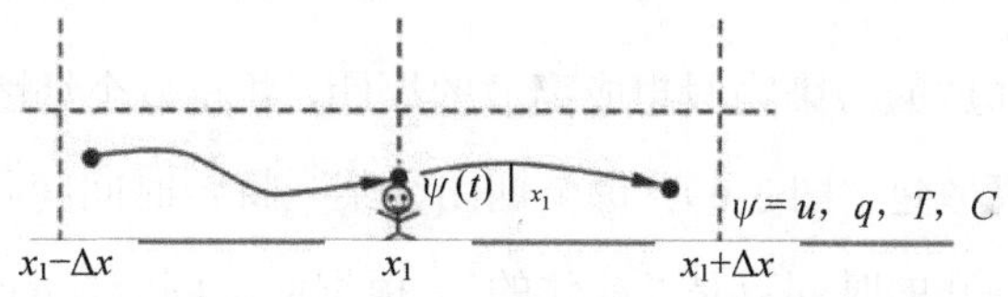

图 3-4　欧拉模型

3.1.5　箱模型

箱模型是最简单的模型。箱模型被称为箱，是因为它的区域有一定的边界，有“盖子”而且在底部有平的“底”。箱模型的基本假设是在估算大气污染物浓度时，把所研究的区域看成箱子的“底”，箱子的高度就是该区域的混合层高度，而污染物浓度在箱子内处处相等（图 3-5）。污染物排放出来，需要输入简单的初始气象条件和污染物的运动，在箱中经过化学和物理过程，模拟箱内的浓度。污染物在箱子里被认为是均匀混合的，浓度是均一的。箱模型的优点是作为简化的气象箱模型可以包含更详细的化学反应以及气溶胶动力学的过程，可以更好地展示气溶胶颗粒在大气中的化学物理特性。箱模

① 菲克定律：在单位时间内通过垂直于扩散方向的单位截面积的扩散物质流量与该截面浓度梯度成正比。

型的局限性是假设污染物是均一的，因此只能用于在比较大的区域内计算污染物浓度的平均值。

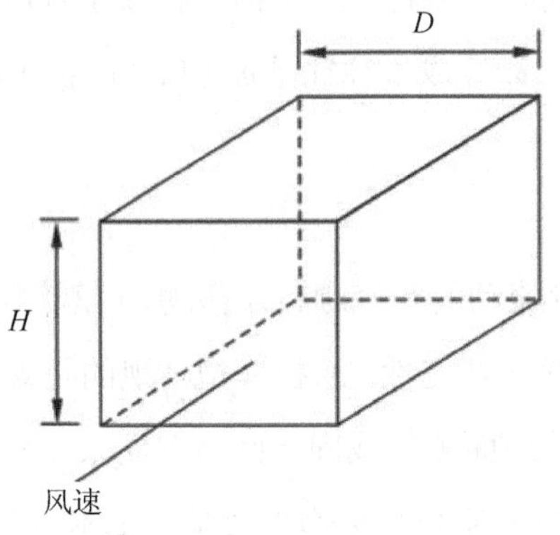

D—箱模型的宽度，m；H—箱模型的高度，m

图 3-5　箱模型

3.1.6　烟团模型

烟团模型是将释放的污染物假想成离散的烟团，并将每个烟团中心的输运过程模拟为连续的烟羽污染离散包（图 3-6）。每个烟团在某一特定时间间隔内固定不动，相当于每一个烟团在某个特殊的时间点是“冻住的”。根据此刻固定住的烟团计算污染物浓度，然后烟团在下一个时间内继续移动，烟团的大小和强度继续变化，直到下次采样时间固定。在基本时间步长内，接收点的浓度为周围所有烟团采样时间内平均浓度的总和。典型的烟团模型是 Calpuff 软件，它是弯曲轨迹的烟团模型，污染物在时间和空间上随着气象条件的变化而被视为一系列烟团。它是用来模拟不稳定状态的多层、多种污染物扩散的模型，适用于模拟时空变化的气象条件下污染物的迁移、转化和清除，考虑了复杂地形的影响、海岸的交界影响、建筑物的下洗影响、干湿沉降以及简单的化学转化，可以计算出预测点的浓度和沉降量。虽然这些模型需要更多的计算资源，但它们跟踪的是污染物随着时间的变化而产生的不连续的浓度量，因此模型的优势在于处理空间（水平和垂直方向）的气象条件的变化。烟团模型类似分割模型，用来分析在非稳态扩散状况下非均匀的排放源。烟团模型的优势在于可以模拟稳定和低风速的情况。

烟团模型假设污染排放源在 Δt 时间内排放形成的气体体积为 $Q_P = Q\Delta t$，Q 是污染物随时间变化的排放速率。

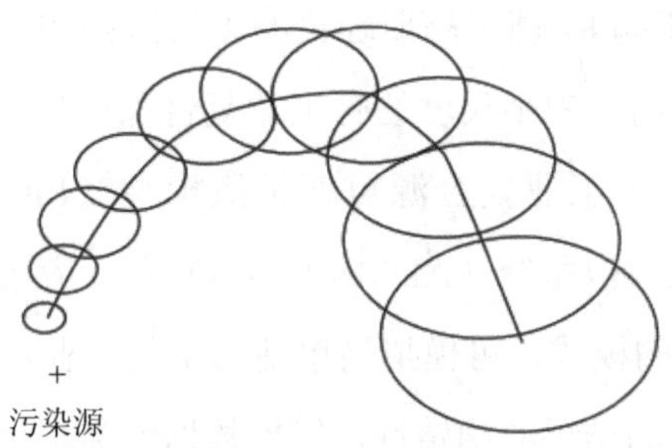

图 3-6　烟团模型

3.1.7　各扩散模型的优缺点

拉格朗日模型相对于高斯模型和欧拉模型有以下几个优点：不需要考虑风切变和不均匀的湍流场，就可以得到梯度输送理论（K 理论）中的恒定扩散，不需要人为扩散，也不需要欧拉模型中的对流传输，可以在任意复杂的污染区域，通过分析分散的点源集合来估算污染源，也可以通过传感器的接收信息和随时间传播过程来测定污染源的位置。拉格朗日模型的缺点是需要许多计算时间，因为计算浓度需要计算大量颗粒物在一定空间体积内的停留时间，而许多颗粒物的浓度需要得到更精确的估算，所以得到的数据要比高斯模型和欧拉模型大出几个数量级。此外，如果传感器的体积增加到可以获得更多的颗粒物，浓度所展示的就是在一定体积内的平均值。

高斯模型的优点是简单而且高效，缺点是在一定区域内不是很准确，没有复杂模型那样普遍适用，也不能随风向的改变而立即变化。由于高斯模型假设均匀风场，故此模型不建议用于远距离的模拟，因为气象条件会随距离改变而改变，其准确性在 20 km 之后迅速降低。此外，高斯模型假定烟羽之间没有相互作用。为了能计算城市地区的污染物浓度，会采用多个排放烟羽模型，采用哪种公式是由排放源以及排放源和接收点的高度决定的。高斯模型在低风速下是准确的，可用于低风速的风场。

3.2　大气污染物扩散模型

3.2.1　基于高斯理论的大气污染物扩散模型

高斯模型是半经验式的扩散模型，模型假定其下风向的污染物浓度符合正态分布，这是很多实用模式发展的基础。基于高斯理论的大气污染物扩散模式被广泛应用于各种尺度的研究区域，其中适用于中小尺度的有工业复合源模型（ISC）、美国气象协会和环保法规模型（AERMOD）、工业复合源短期扩散模型（ISCST）、大气扩散模拟系统（ADMS）、城市大气扩散模拟系统（ADMS-Urban）等，应用于大尺度的有 CALPUFF 等。ISC 是开发应用较早的模式，可模拟简单地形下的工业污染源，其主要优势在于模式使用的相对简单性和预测结果的稳定性，气象数据的需求量相对较小；但该模式不能提供大气边界层结构的改进知识和湍流扩散过程的结果性预测。AERMOD 和 ADMS 是新发展的扩散模式，可以替代 ISC 使用。ADMS-Urban 与 ADMS 的运算法则基本相同，专门应用于模拟城市中的大气污染物扩散。ISCST 是 ISC 的短期版本，需要更详细的气象资料，用来模拟污染物一小时或几小时的平均浓度。AERMOD 和 ADMS 相对于 ISC 是新发展的扩散模式，不仅可以模拟平坦地形下的大气污染物浓度，还可以模拟复杂地形下的大气污染物浓度。

以高斯模型为基础的扩散模型多数只适用于模拟中小尺度范围的大气扩散。这是因为以高斯模型为基础的改进模型一般是稳定态的扩散模型，假定大气在整个模拟区域都是均衡的，传输和扩散条件长期不变，所以不适合模拟大范围的污染物扩散。高斯模型在大多数气象条件下模拟结果都较合理，是模拟污染物扩散的经典方法，但也有其局限性：

①高斯模型假定污染物从污染源排放出来后立即以直线轨迹输送，没有考虑风速仅有 1 m/s 或更低的情况，故当研究区域距离污染源较远时局限性会很明显；

②高斯模型不适用于低风条件，由于模拟浓度和风速成反比，当风速很低（0～1 m/s）时，模拟的浓度值会很高；

③高斯模型假定直线传输轨迹，没有考虑受地形影响的风的转向和上升，因此在适中地形区域及稳定状态下，这类模型对地形影响的评价会普遍偏高；

④高斯模型假定大气在整个模拟区域都是均衡的，传输和扩散条件长期不变，而实际上真正的大气均衡情况很少发生。

3.2.2 基于拉格朗日方法的大气污染物扩散模式

拉格朗日方法是用跟随流体移动的粒子来描述污染物浓度及其变化。它是一种描述污染物分布的自然方式。在基于拉格朗日方法的大气污染物扩散模式中，适用于中小尺度的有拉格朗日随机模型（LS）、空气污染模型（TAPM）、拉格朗日粒子模型（LPM）、拉格朗日粒子扩散模型（LPDM）等，适用于大尺度的有拉格朗日大气扩散模型（LADM）。其中，LS 是模拟大气边界层中不均匀湍流的污染物扩散的有用工具。LPM 可以模拟低风条件下的污染物扩散，应用于研究大气边界层的湍流扩散问题。国内外 TAPM、LPDM 和 LADM 的应用都非常广泛。TAPM 中应用了多种水平的网格嵌套，模拟污染源附近地区的大气扩散。另外，TAPM 对气象数据的要求较低，无论在是否有风的情况下该模型都是可用的。通过多项验证，LPDM 用来评价大气扩散的平均浓度效果最好，并且适用于复杂地形或热对流产生的复杂流动扩散的情况。该模型的优势在于能详细描述重点污染源附近地区大气污染物的运动，但是 LPDM 还没有解决高次的化学反应。

LADM 能精确模拟点源附近烟气的输送扩散，由于其模拟结果的实用性，该模型被广泛使用。以拉格朗日方法为基础的扩散模型多数适合模拟几十千米到几百千米区域的污染扩散，是高级的扩散模型，与稳定态扩散模型最大的不同在于对气象数据的需求不同。稳定态扩散模型需要单点气象数据，而高级扩散模型需要的是三维的、随时间变化的气象数据。拉格朗日方法能正确描述湍流扩散过程，因此基于拉格朗日方法的扩散模型得到较为广泛的应用。然而，由于拉格朗日函数方程的复杂性，拉格朗日分析大多仅限于描述平稳和均匀湍流条件下的扩散问题，而且拉格朗日方法不能直接用来解决涉及非线性化学反应的问题。拉格朗日方法的数学处理比欧拉方法容易，不存在闭合问题。

3.2.3　基于欧拉方法的大气污染物扩散模式

欧拉方法是相对于固定坐标系描述污染物的输送与扩散的方法，用欧拉流体速度的统计特征来表述浓度统计量。应用欧拉方法处理扩散问题一般基于梯度输送理论。在欧拉方法的大气污染物扩散模式中，适用于中小尺度的有欧拉惰性示踪扩散模型（EITDM）等，适用于大尺度的有三维粒子模型（ADPIC）、气溶胶和沉积的区域模拟系统（REMSAD）、第三代空气质量模型/社区多尺度空气质量模型（Models-3/CMAQ）和多尺度大气运输与化学模型（MATCH）等。其中，EITDM 是将一种真实的水平扩散方法用在坐标系统中，该模式可以与其他改进的气象模式相结合，也可以在有适当风场和垂直扩散率数据的条件下作为一种独立的模型应用。ADPIC 通常用来模拟复杂地形下惰性气体、放射性气体及颗粒物的浓度。相对而言，REMSAD、Models-3/CMAQ 和 MATCH 更广泛地应用于大尺度区域的污染扩散研究。REMSAD 具有嵌套栅格的能力，可用来模拟大区域污染物的长期浓度。Models-3/CMAQ 能将复杂的空气污染情况如对流层的臭氧、PM、毒化物、酸沉降及能见度等问题综合处理，而非只考虑一种污染物。其特点是多层次网格能模拟不同尺度的大气污染物扩散。Models-3/CMAQ 的主要缺陷是改进的模拟运算法的运算比其他模式的运算更昂贵。MATCH 常被用来预报污染物的短期浓度和沉积区域。

在模拟较大尺度区域的扩散问题时欧拉方法具有一定的优势。由于它易于加入源变化、化学变化和其他迁移清除过程，故适合处理较大尺度区域的大气输送和扩散问题。欧拉方法可以有效地预测污染物浓度，但是运用欧拉方法的主要困难是运算过程中的闭合问题。而数值扩散是欧拉方法的另一个局限性。欧拉方法也有其优越性，欧拉统计量易于测量，故其统计量表达公式应用较广，此类表达公式还可直接应用于发生化学反应的情形。欧拉方法能通过合并二次和高次化学动力等式描述光化学烟雾的产生。

3.2.4 国内常用的大气污染物扩散模型

3.2.4.1 CAPPS 模型

根据平流扩散方程开发出的城市空气污染预报系统（City Air Pollution Prediction System，CAPPS）可以进行空气质量数值预报。数值预报基于对大气物理和化学过程的理解，建立大气污染浓度在空气中的输送扩散数值模型，借助计算机来预报大气污染物浓度在空气中的动态分布。CAPPS 模型预报污染物的质量浓度时，需要前一天的污染物日均质量浓度作为初始值，在假设两日内平均污染源强没有显著变化的情况下，由气象条件计算污染物质量浓度的变化。该模型最大的优点是充分考虑了污染监测点实时资料及气象探测资料，将其作为初始场。该模型是一个以中尺度动力天气预测模型为基础的平流扩散预报模型，可以对空气污染潜势进行预报，其被应用在国内 12 个省（区、市）的气象部门。但由于该类模型在化学以及污染源等方面的局限性，所以主要应用于无化学活性污染物的扩散以及简单的有一定化学活性的轨迹模拟。

3.2.4.2 NAQPMS 模式

中国科学院大气物理研究所的嵌套网格空气质量预报模式系统（Nested Air Quality Prediction Modeling System，NAQPMS）主要用于研究污染物排放，气象条件，平流输送，扩散，干湿沉降和气相、液相及非均相反应等物理与化学过程，其基础数据系统为下垫面资料、污染源资料、气象资料和实时监测污染物监测资料。中尺度天气预报系统为第五代中尺度天气预报模式（MM5），用于进行气象场模拟，为空气质量预报提供逐时气象场。使用图形处理软件以及网页制作软件，可将模式输出结果可视化并进行网络发布，使公众更直观地了解污染物的变化情况。NAQPMS 充分借鉴吸收国际上先进的空气污染数值预报模式的优点，并体现了中国各区域、城市的地理、地形环境，污染源的排放等特点，实现在计算机技术上的低成本、大容量、高速度的计算，解决了预报时效问题，同时对物理、化学过程的处理均采用较为成熟、科学的方案。该系统已经在北京、上海、深圳等环境监测中心用于空气质量的实时预报。

3.3 大气污染物的监测

大气污染物的监测，是指通过监测手段来明确大气污染实际情况，并掌握各项数据信息，为后续的污染治理工作提供可靠依据。我国大气质量问题日益严峻，社会发展期间忽略了对大气质量的保护，对此，需要认真做好大气污染现象的监测工作，监测大气内污染物的实际含量。

3.3.1 物理化学监测方法

物理化学监测方法以仪器分析为主要手段，由于其操作简单、灵敏度高且监测速度快，易于实现自动化和连续监测。但要求一定的技术、设备条件，仪器昂贵，是未来大气监测发展方向之一。

3.3.2 化学监测方法

化学监测方法以试验为主，操作简单，经济易行，有一定的可靠度。

3.3.3 生物监测方法

生物监测方法是利用动植物对大气污染物的特殊敏感反应，对大气污染物进行监测。生态监测方法可以补充物理、化学监测方法的不足，但只适用于定性或半定量的测定。

3.3.4 固体颗粒监测系统

固体颗粒监测系统主要由激光散射法、激光透射法、电荷法以及β射线吸收法等组成。其中激光散射法依据固体颗粒散射光原理进行监测，这种方法准确度很高，只是由于其设备造价昂贵，限制了其使用范围。激光透射法是依据朗伯-比尔（Lambert-Beer）

定律研究出的一种方法，该种方法在国际上应用广泛，技术十分成熟，其缺点在于设备安装定位复杂，工作量巨大。电荷法是根据固体颗粒与监测探头摩擦生电进行监测，此种方法对使用条件有一定的要求，因而限制了其使用范围。β射线吸收法是将监测气体经采样滤纸过滤，从中可分析其物体浓度，但是由于采样点单一，代表性不足。

3.3.5 气态污染物监测方法

气态污染物监测方法主要由稀释采样法、完全抽取法以及直接测量法组成。稀释采样法是将干燥的空气稀释到可以直接测量的干烟气，用化学发光法对 NO_x 等有害气体进行直接测量，用紫外荧光法对 SO_2 气体进行直接测量。因所测空气是干燥空气，消除了水分对测量结果的影响，监测精度高，实用性好。但是其缺点也是显而易见的：增加测量参数需要额外增加相关的仪器。

完全抽取法是一种最为传统的气体连续监测方法，对气体进行测量时需要将所测空气进行抽取、预热，然后进入分析测试仪中进行监测，可采用紫外线、红外线以及热导法等方法对 SO_2、NO_x 等气体进行监测。该种方法由于全程都需要保温预热，系统复杂，造价较高，使用范围受到限制。

直接测量法是将检测元件直接放在检测部位进行监测，此种方法是目前最为简单的监测办法，不需要复杂的监测系统，总体维护工作量较小，但是由于其置放于现场，所测结果受环境影响很大。

3.4 大气污染综合防治举措

3.4.1 源头控制大气污染

3.4.1.1 实施全面监管、监测制度

①工厂、企业是造成大气污染的源头，部分工厂在生产过程中向空气中排放大量有害气体，首先需要企业做好内部监测，防止排放气体对大气造成的污染。

②相关政府需要对工厂进行严格的监督管理工作，相关政府工作人员将城市中工厂数量及类别进行统计，对工厂进行施工环境监测，要求工厂在生产过程中对有害气体进行二次处理，禁止工厂直接将工业气体排放到空气中，相关政府建立监管部门，每日对城市工厂进行抽查，对直接将工业气体排放到空气中的工厂进行罚款处置，没收工厂经

营权，从而有效控制大气环境中工业气体的排放量。空气质量关系到一个城市的发展和存亡，所在地的政府对其监管负有总责任。保护城市环境，尤其是空气安全，对于提升城市形象尤为重要。各级人民政府根据国务院和生态环境部行政要求，落实各项措施，长期考核，在领导当地经济发展的同时，保障环境可持续发展，保障群众健康出行。

③针对环境治理工作，国家必须要予以高度关注。为更好地管束工业气体的排放，需要健全各项法律法规，通过设置排污收费规定，处置排污超标的单位，抵制企业出现不法行为，完善排放现状，实现零污染、低排放。同时，国家还要加强环境治理方面的人力、物力资源投资，不能只关注眼前短期收益，而忽视高污染的单位，还要关注新能源开发项目，对有贡献的人员给予表彰。

④同时发动群众，对大气污染排放的企业进行举报，实现全面监管监测。

3.4.1.2　提高企业工艺水平，减少大气排放污染

企业自身通过不断进行技术工艺改革，降低大气有害物的排放。加强对企业环境安全的考核，对低产能的企业予以停产或者关闭处理，排放要求必须按照国家标准执行。

3.4.1.3　进行区域环境规划，实施总量控制

区域排污总量控制：国家环保局提出的 2000 年削减 12 种主要污染物的排放总量，其中包含了二氧化硫、烟尘和工业粉尘 3 项空气污染物。区域排污总量不应超过区域环境容量。对老工业区、经济已发展的区域和经济新开发区域进行环境影响评价。排放源按照地形分布、气候特征进行合理布局。

3.4.2　转变产业结构

当前，我国资源储备遇到一个重大问题，即能源资源单调，这也是造成空气污染的重要原因之一。因为国内工业水平和发达国家相比还有很大差距，一般采取粗放型生产方式，该种方式不但不能使能源利用率最大化，还会污染大气。虽然煤炭使用范围很广，但是因其利用率很低，在耗费能源的同时还带来了很多空气污染问题。为处理这一问题，工厂制造阶段要考虑降低污染物排放，基于现有资源，充分发挥管理作用，合理转变产业结构，进而迎合现代化生产模式要求。以节能为立足点，降低能源消耗，以突出煤炭的现实价值。另外，还要大力扩大新能源开发范围，注重绿色能源的开采，合理使用非常规能源，如海洋能、风能、光伏能等，这些方法均可减少空气污染问题。

3.4.3 推广清洁能源

调整能源结构，积极采用天然气、轻柴油、液化石油气、电等优质能源。实施核能发电、风能发电等清洁能源工程，积极开发太阳能、地热能，鼓励垃圾、秸秆发电，推广沼气利用。实施“西气东输”配套工程，大力发展集中供热，适时将供热管线连接成网。供热范围以外的新建锅炉必须使用清洁能源。

3.4.4 增大投资，改进监测仪器及技术手段

想要保证大气污染监测整体质量，首先政府应尽快转变传统的管理观念，把大气污染的治理放在和地区经济发展同等重要的地位，增加各项资源的实际投入，坚持不断引进新型技术手段，对大气环境各项指标做综合优化，在保证监测效率的同时提高监测结果的准确性。

先进的监测设备是大气污染监测工作中的重要基础，为了提高环境监测质量，政府相关机构应加大资金投入，对已经落后的监测设备及时地更换，做好相关的监测预算工作，引进先进的仪器，实现监测数据的资源共享，重视监测结果的总结，对于落后的产业要及时淘汰，制定科学合理的实施方案。

在实际工作中，除了要购进新型监测装置，为实际的监测工作提供物质基础，还要提高监测工作技术含量，加强人员技术培养，满足新装置操作要求，实现人尽其才和物尽其用，这样才能严格按照计划完成各项工作。较合理的方法是建立将云计算作为核心的监测及其预警系统，使动态监测工作实现网络化，这不仅能减少资源实际投入，还能存储所得数据结果，在后续计算分析过程中加以应用，并将数据结果传输至生态环境主管部门，为其决策活动提供可靠的理论依据。

3.4.5 地面精细化综合监测

在各个城区、县（区）布置空气自动监测站和区域站，也就是在工业企业开发区和聚集区等区域建立若干个监测站点，并且要求这些站点能够反映出区域空气的污染情况，同时还要能够实现与其他站点的协同作业。此外，监测中心还要和各监测站一起构成与“空气质量晴雨表”相似的网格化空气监测体系，以更加科学地开展大气污染的治理工作。

3.4.6　构建完善的质量管理机制

需要构建起完善的大气污染监测及质量管理机制，并得到合理可行的质量管理标准体系，保证监测可以顺利展开。第一，需要对监测具体内容及目标实施深入分析，依靠质量管理体系，保证监测工作能够与实际的质量管理良好统一，以提高监测质量；第二，严格落实相关监督机制，采用多层次监督管理策略，对全体参与人员实施正确分工与监管，使全体人员能够各司其职，实现协同作业目标，降低风险发生概率，杜绝事故发生；第三，建立风险应对体系，确保在发现有问题的同时进行分析和处理，防止事故不断扩大和非事故区蔓延，在事故处理结束后，直接追究相关人员的责任，避免类似问题再次发生。

3.4.7　注重专业人才培养

大气污染环境监测质量的提升需要科技人才的加入与支持。大气环境监测在实际的发展中，需要重视人才发展的重要性，加大人才培养力度，提升环境监测人才的专业技能，推进该领域的发展进程。与其他行业相比，该行业具有较高的难度，需要科技人员具有较多的综合性理论知识。实现人才的培养，增加科技人员的理论知识水平，需要相关工作人员细化数据采集、结果分析、方案决策等环节，扎实监测人员的理论基础知识，增设实践培训，提高专业技术技能。

专业监测人员自身技术水平在很大程度上决定了监测工作效率与结果准确性，对管理体系构建也有一定制约，相关部门应重视并做好人员培训，全力提高他们的技术水平及专业素质，同时将其充分应用于日常工作。在条件允许时，可设立培训机构，使全体人员都能积极参与到培训活动中，使其在正确认识监测工作重要性的基础上，掌握各项先进技术措施，如 GPS、GIS 和计算机网络等。另外，还需兼顾人员知识与年龄结构的合理改善，聘请有丰富工作经验的先进技术人才，以不断强化专业人员队伍建设。

第 4 章　煤炭堆存、装卸产污环节分析

港口是煤炭运输中的一个重要环节。煤炭装卸运输是港口粉尘的主要来源，通过对国内外粉尘治理情况以及典型煤炭码头装卸工艺过程和产污环节的分析，指出粉尘产生的环节和特点，并有针对性地提出除尘措施，为煤炭码头的建设和环境管理提供科学依据。

4.1　传统煤炭码头装船作业系统

从煤炭码头整体布局来说，传统煤炭码头装船作业系统由如下子系统组成：翻车机卸车系统、皮带传送系统、堆场堆存系统、岸边装船系统、管理监测系统等。煤炭码头的装船作业设备主要包括卡车、翻车机、皮带机、取料机、煤炭装船机、船舶等，这些设备是装卸作业的重要构成实体，通过有效的布局、组织和管理构成了整个码头的装卸流程。堆场是整个煤炭码头的核心区域，用于暂时储存待进出口的煤炭。当煤炭出口时，码头堆场管理处联系煤炭出口方，利用火车或卡车提前把煤炭集中送进后方堆场堆存，以缩短前来装船的船舶等待时间；当煤炭进口时，前方堆场用于存储岸边船舶卸下的煤炭，以等待火车或卡车将其运送至内陆地区。堆场的规模、布局、类型也决定了煤炭码头的类别。目前，煤炭码头多分为传统型堆场煤炭码头（简称传统煤炭码头）和现代封闭式堆场煤炭码头。传统煤炭码头多是采用露天堆场来存储煤炭，这种堆场存储的煤炭易腐蚀，且会对环境造成较大的污染，已逐渐被淘汰。封闭式堆场煤炭码头则避免了以上不足，多采用储煤筒仓进行存储。这种工艺把货物进港和装船分开来完成，这样不仅可以提高货物集港和装船效率，还可以提高码头物流反应能力和降低物流成本。

图 4-1 是传统煤炭码头的基本组成，可以看出其最主要的特点是采用露天堆场进行煤炭储存。目前这种煤炭码头的设计技术比较成熟，但环境污染严重，煤质安全性差，配煤能力不强。根据煤炭装船流程环节不同，传统煤炭码头装卸流程可以分为车—场装

卸作业流程、场—船装卸作业流程、车—船直装流程、船—船直装流程等。

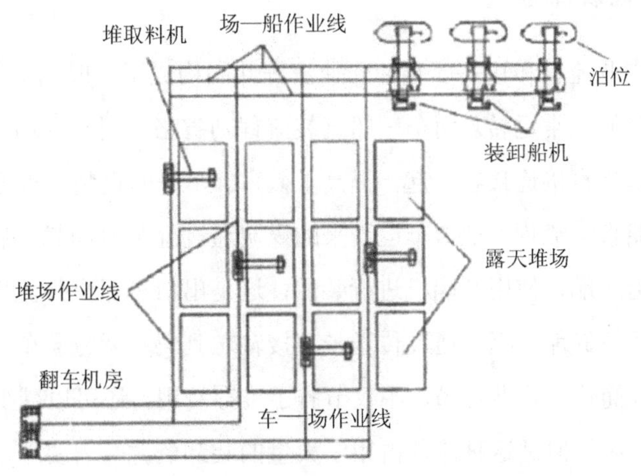

图 4-1 传统煤炭码头的基本组成

4.1.1 车—场装卸作业流程

车—场装卸作业流程是指车辆和堆场之间的装煤、卸煤流程，是从码头堆场区域至卡车的装卸作业流程。车—场装卸作业流程是整个煤炭码头装卸作业的一个环节，用于小量、多次地运输岸边装卸作业至堆场的煤炭。当煤炭出口时，卡车载煤至后方作业区卸煤，然后通过皮带传输至后方堆场堆存，这是码头出口卸车作业流程；当煤炭进口时，岸边船舶在卸船机的作业下在前方作业区卸煤，然后通过皮带传输至前方堆场堆存，以待卡车前来接货，这是码头进口装车作业流程。这两种流程统称为车—场装卸作业流程，装卸设备相同，应加强协调组织管理，避免作业冲突，以提高整个码头的煤炭通过能力。

4.1.2 场—船装卸作业流程

场—船装卸作业流程是指通过传输皮带，把煤炭从堆场输送到船舶进行装卸的流程，是码头堆场至岸边驳船的输送作业流程。当煤炭出口时，利用取料机、传输皮带、装船机将煤炭从堆场输送至前沿船舶进行装船，这是出口装船作业流程；当煤炭进口时，利用装船机、传输皮带、取料机将煤炭斜传之后输送至堆场进行堆存，这是进口卸船作业流程。这两种流程统称为场—船装卸作业流程，利用取料机、传输皮带、装船机等相同的机械设备，在一定的协调组织管理下，避免去回作业冲突，保障整个码头的煤炭通过能力。

4.1.3 车—船直装流程

车—场装卸作业流程和场—船装卸作业流程共同构成了一般码头的日常工作流程，可以满足整个码头的正常运转。而车—船直装流程则省略了码头堆场这一环节，将货物装船与后方卡车卸货直接连接在一起，提高了效率。车—船直装流程可分为出口车船直装流程和进口车船直装流程。把卡车运送来的煤炭通过翻车机卸载之后，通过传送带直接输送到码头前沿船舶，使用装船机进行装船，这是出口车船直装流程；反之，船舶载煤在码头通过装船机卸船之后，通过传送带直接输送到码头后方装车，这是进口车船直装流程。这种流程简化了作业环节，不仅节省了堆存费用，还可以减少皮带系统的启动和运转，节省了能源。但是这种流程占用了大量的装卸资源，需要严格监督管理，否则容易形成“瓶颈”，造成整个散货码头工作效率偏低。图 4-2 为车—船直装流程。

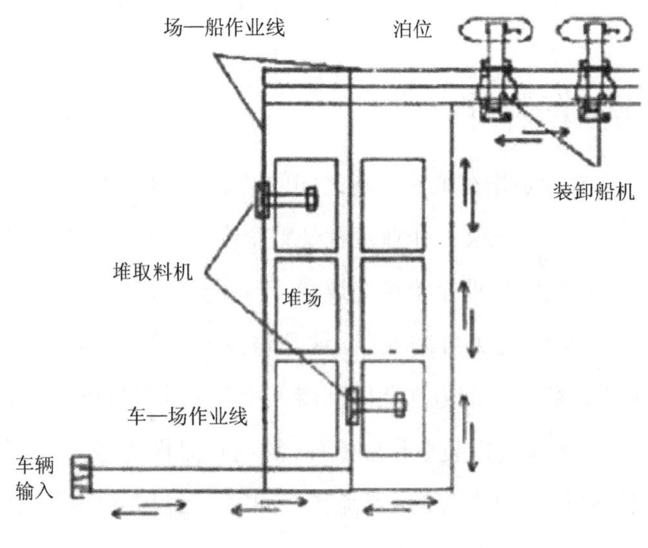

图 4-2 煤炭码头车—船直装流程

4.1.4 船—船直装流程

船—船直装流程则将作业环节更加简化，要求运煤船舶到港后将煤炭卸下后直接传送至相邻泊位的船舶进行装船，也不经过堆场环节，这种流程又叫卸船进船流程。船—船直装流程一般在煤炭码头较少使用，要求至少有两艘船舶同时到达煤炭码头才能作业。这种流程省略了煤炭在堆场内堆存这一环节，节省了堆存费用，同时还可以减少皮带系统的启动和运转，提高了系统的快速反应能力，节省了能源。但它占用了较多的泊位和装卸船设备资源，造成其他后到船舶无法作业，从而影响整个煤炭码头的工作效率。这种形式的装船流程在一般的码头使用较少，其作业流程如图 4-3 所示。

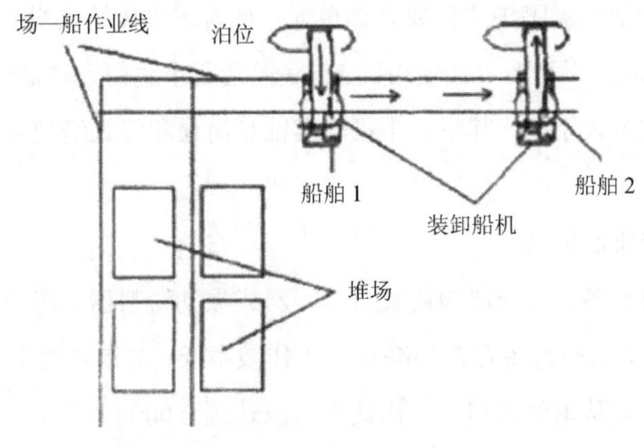

图 4-3　煤炭码头船—船直装流程

4.2　封闭式堆场煤炭码头装船作业系统

封闭式堆场煤炭码头与传统露天煤炭码头的主要区别在于是否使用筒仓作为存储单元来储藏煤炭。此种煤炭码头在环保、配煤方面具有优势，目前在我国应用已比较普遍。封闭式堆场煤炭码头的基本组成如图 4-4 所示。

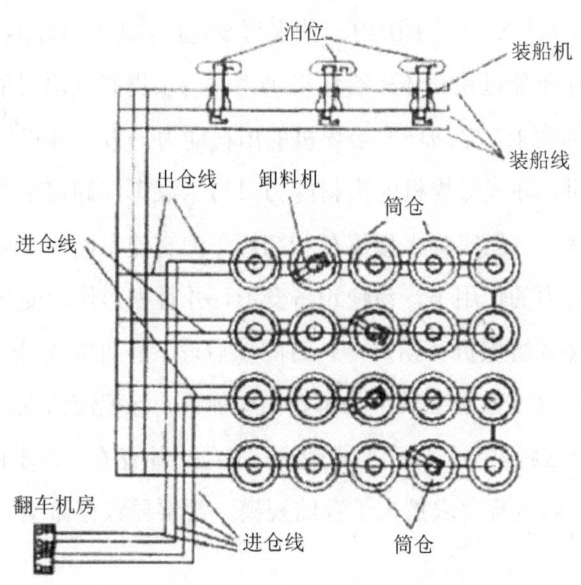

图 4-4　封闭式堆场煤炭码头的基本组成

4.2.1 储煤筒仓

储煤筒仓是新型煤炭码头的重要仓储单元，是为解决传统煤炭码头在环保性能、经济性、安全性等方面的不足而设计使用的。锥底筒仓和平底筒仓是储煤筒仓的两种类型，它们的结构和工作方式不同，其中，斗式给煤锥底筒仓和缝式给煤锥底筒仓是锥底筒仓的进一步细分。

（1）斗式给煤锥底筒仓

对于这类储煤设备，斗一般为内置群斗。斜式振动给料器、皮带给料机等是通常采用的斗下出料设备，这些设备存在的缺点是工作效率低、工作环境差、土地占用率高等。活化振动给煤机一般从国外进口，工作效率可以达到 2 000 t/h 左右，其下料口大、防堵性能好、维护不复杂，较适合于作业量大、占地面积宽广的煤炭码头。

（2）缝式给煤锥底筒仓

早期的缝式储煤筒仓存在着很多问题，如储存量较小、出料不均匀等，一般采用叶轮给煤机等设备进行出料作业。为了弥补缝式出料的种种不足，我国自主研发生产了大型环式给煤机，这种设备正好适用于环缝式卸料口，出料方式匹配性高。环式给煤机主要采用环缝式下料口，与叶轮给煤机相比，其缝隙长度大，出料效果好，解决了以往设备不能解决的堵煤问题，同时由于其密封性能好，控制撒煤效果较好。但目前由于制造误差以及车体振动较大等原因，撒煤问题依然有待进一步解决。

目前，环式给煤机主要应用于国内一些大型发电厂，其出料性能和撒煤性能均较高。但是由于卸煤车转速不能过快，环式给煤机仍需进一步提高其出料能力。为了满足大型煤炭码头储煤能力的要求，提高环式给煤机的出料能力一直是各科研单位和企事业单位的难题。从理论上讲，环式给煤机的出料能力只与犁煤车和卸煤车的转速有关，两者之间的关系为正线性关系，但实际上犁煤车和卸煤车的转速不高，否则落入环形落料斗中的煤堆很高，在离心力的作用下，易使设备变形，并且密封作用受到影响，造成撒煤情况相当严重，且对环式给煤机有损害，长时间以后设备有可能无法正常运行。

缝式给煤锥底筒仓方案由于较小的单仓出料能力，除配煤情况以外，装船作业时仍需要多仓同时供料，这就对物料储存要求较高，必须分组储存，对于储存能力 3 万 t 的筒仓，3 个筒仓为一组的运营要求扩大了存储规模，常常导致存储空间的浪费，从而增大了成本。

（3）平底筒仓

此处所说的平底筒仓主要指欧洲仓，最早为荷兰公司建造的 3 个 5 万 m^3 储煤筒仓。

欧洲仓底部为平底设计，底部中央是活化给煤机的出料口，筒仓顶部则是悬挂式螺旋布料机。筒仓上部钢结构上的料斗为煤炭进入口，由带式输送机输送过来的煤进入料斗然后储藏。欧洲仓的工作原理比较复杂，筒仓的上层可以伸缩，其内部的螺旋输送机可绕筒仓中心回转、正反转，这样筒仓的四周可以均匀地装有煤炭。卸料时，煤炭物料反方向通过自流中心孔，活化给煤机位于筒仓底部，通过振动将煤炭传输至皮带机输送系统。

欧洲仓的优点主要是成本低、利用率高。平底筒仓下部的设计容积利用率一般要高于锥底仓，而且由于结构简单，不需要复杂的设计，土建结构更为简单、可靠，土建费用要低于锥底筒仓。一般设计 5 万～8 万 t 容量的欧洲仓比较经济节约。

欧洲仓还有些问题需要解决。比如平底筒仓的作业方式为“先进后出”，煤炭自燃的情况容易发生，因此定期清仓、洗仓作业必不可少。另外，现有欧洲仓的出仓能力通常在 1 000 t/h 左右，仍需改进设计以提高其出仓能力，应重点考虑螺旋布料机制造，因为其安装要求高，也是提高出仓能力的“瓶颈”环节。

4.2.2　主要的装船工艺设备

（1）仓底活化振动给煤机

目前煤炭码头普遍采用的仓底活化振动给煤机的单台额定出料能力为 1 550 t/h，每个筒仓周围设有 4 台给煤机，单仓出料能力总共为 6 200 t/h。这种活化给煤机的优势在于：

①出料多，出口大，活化物料，堵煤得以缓解；

②使用寿命长，质量较好，免维护；

③采用新的可变技术，可以从零到最大出煤量之间自由连续调整出煤量，特别适合于配煤作业系统；

④功率小，1 550 t/h 的活化给煤机只需耗 9.33 kW，运营成本低；

⑤无需闸门，仓内物料在电机停止时可自动停止下滑，设备可满负荷启动；

⑥环保性能好，活化给煤机的上部与料仓采用密封软连接，出煤口处有密封装置，环保条件良好。

（2）仓顶布料机

一般在出煤筒仓的顶部设有 1 台布料机，由内置大型回转轴承的机构装置支撑，其回旋中心与来料皮带机落料中心重合，使得煤炭始终落在布料机皮带的中心位置。通过布料皮带机正反回旋运行将煤炭输送到筒仓顶部的内、外环缝中，通过布料机的水平回转达到布料的目的。仓顶布料机由行走轮、驱动装置、轨道、输送机、回旋装置、环缝密封装置等组成。为了将物料均匀地撒播在筒仓内，布料皮带机须正、反向运行并且必须控制大车回转方向和速度。

（3）输送机系统

一般而言，卸车进仓线皮带机额定输送效率为 4 500 t/h，带宽达 1.8 m，带速达 4.5 m/s：仓底出仓皮带机额定输送效率为 3 100 t/h，带宽达 1.6 m，带速达 4.5 m/s；装船线皮带机额定输送效率为 6 200 t/h，带宽达 2.0 m，带速达 4.8 m/s。为了对进出仓量进行管理，皮带秤要设置在进出仓作业线上，其中在翻堆线上设置有卸车输送线皮带秤，出仓输送线皮带秤设置在进仓口竖向皮带机上。因为经过了除铁处理，实现物料封闭式储存，因此出仓系统不再设置除铁装置。

（4）仓顶进仓作业线的密封设备

仓顶进仓输送机离地较高，风力大，为了达到环保要求，需要对输送物料进行密封。由于采用卸料小车多点卸料，不能加罩密封。电厂筒仓采用犁煤器卸料的仓顶输送机通常设置仓顶机房进行密封，但该工程卸料小车体积庞大，使得设置机房成本高，且对仓顶影响大。通过多方案比选，推荐采用覆盖带的密封方式。覆盖带在中、小带宽的输送机上应用广泛，既可以用于主皮带的多点移动受料，也可以用于类似的移动卸料车卸料，技术成熟。仓顶输送机带宽为 1.8 m，需要的覆盖带宽度达到 2.6 m，横向刚度需要考虑。通过与专业厂家技术部门进行交流，结论是通过专门的设计可以满足需要，覆盖带自身较重，不存在被风力掀翻的危险。

此外，仓顶布料机自身为全密封设计，不必考虑额外的密封装置；仓顶大、小两个环形进料口的密封拟在环口的上方设置活动盖板，仓顶设置机械通风负压系统，保证进料过程的环保要求。

4.3 重点产污环节分析

4.3.1 产污机理分析

通过对国内外煤场以及矿石堆场有关调研资料的分析可知，煤场和矿石堆场的主要大气环境问题是煤炭以及矿石堆放及装卸过程中粒径较小的粉尘在风力作用下飘移，对其下风向大气环境造成不同程度的污染，污染物主要是煤堆和矿石堆场扬尘、装卸及地面扬尘。据估算，当风速超过 1 m/s 时，空气的流动必然会成为湍流。据此，堆煤场和矿石堆场由于刮风所引起的粉尘可看作湍流对尘粒的搬动过程。

大气环境中的粉尘污染主要是由直径小于 100 μm 的微小的悬浮颗粒造成的，经数值模拟和风洞模拟实验研究发现，平均风速、湿度、粒子的直径等均会对粉尘的传输过程及沉降过程产生影响。其中，露天的矿石和煤堆场属于开放性尘源，具有不确定性，煤堆场在堆放过程中的扬尘量主要与堆放的形状、堆场排列顺序以及堆场堆与风向夹角和风速、煤炭含水量、是否苫盖喷淋等密切相关。有研究认为，堆场扬尘是散装物料的主要粉尘污染源，堆场扬尘量随风速的变化远大于作业时扬尘量随风速的变化。煤尘以及矿石粉尘扬尘和扩散与其粒径、密度和含水率以及气象条件关系密切。风速影响扬尘量的大小和迁移距离，风向则决定污染物污染的方位，而降雨恰恰是一个自然的抑尘过程，大气稳定度则决定粉尘污染扩散的范围和影响程度。

4.3.2　煤炭堆存、装卸扬尘环节分析

结合现场调查和文献分析，从工艺流程分析，在煤炭装卸、输送、堆取、堆场存放等作业过程中，由于搅动、落差，或大风产生的扬尘是主要污染源，应针对上述污染源重点考虑防尘措施。

通常情况下，港口的粉尘污染环节包括物料露天堆场风吹的扬尘，露天堆场的高度为 5～20 m，日常风吹扬起大量的粉尘；物料装卸、转运过程也会产生扬尘。煤炭散货首先通过卸船机，再通过斗轮机将物料送到堆场，在物料周转过程中，由于落差（主要存在于抓斗取放物料处、转运塔输送皮带接驳处、斗轮机斗轮处）和风力因素产生不同程度的粉尘污染，此种情况具有局部扬尘、持续时间长、影响范围广、扬尘严重的特点。

4.4　世界主要煤炭码头装卸工艺比较

随着我国国民经济的进一步发展，煤炭需求量越来越大。各个港口都在加快改造、扩建或新建煤炭泊位。在今后的港口发展和建设过程中，除了吸取原有港口成功的实践经验，还需要借鉴国外煤炭港口在装卸工艺、设备、生产组织等方面的一些成功的经验（表 4-1 和表 4-2）。

表 4-1　国外主要煤炭港口装船能力

序号	煤炭码头名称	国家	装船机数量	装船机能力/（t/h）	年装船机能力/万 t
1	Dalrymple 港	澳大利亚	3 台	5 500	5 500
2	Hay Point	澳大利亚	1 号泊位 1 台	5 000	3 600
			2 号泊位 1 台	6 000	
3	Newcastle 港 Carrington	澳大利亚	3 台	2 500	2 500
4	Newcastle 港 Kooragang	澳大利亚	3 台	10 500	6 400
5	R G Tanna	澳大利亚	2 台	4 000	4 000
6	Ridley	加拿大	2 台	4 500	1 600
7	Westshore	加拿大	1 号泊位 1 台	7 000	2 600
			2 号泊位 2 台	组合能力 7 000	
8	Richards 港	南非	2 台	8 500	6 650
			2 台	10 500	
9	Dominion	美国	1 台	6 500	2 000

表 4-2　国外煤炭港口设备参考

序号	煤炭码头名称	国家	堆料机		取料机		堆取料机	
			数量/台	能力/（t/h）	数量/台	能力/（t/h）	数量/台	能力/（t/h）
1	Dalrymple 港	澳大利亚	1	4 200	1	4 200	5	5 500
2	Hay Point	澳大利亚	1	7 000	—	—	1	4 800
							2	3 500
3	Newcastle 港 Carrington	澳大利亚	4	2 500	4	2 500	—	—
4	Newcastle 港 Kooragang	澳大利亚	4	6 000	3	8 000	—	—
5	R G Tanna	澳大利亚	推土机若干台，4 000					
6	Ridley	加拿大	—	—	—	—	2	7 000
7	Westshore	加拿大	—	—	—	—	2	4 500/3 500
			—	—	—	—	1	6 500/4 500
8	Richards 港	南非	2	5 500	1	6 000	6	6 000
9	Dominion	美国	—	—	1	6 800	2	5 900/6 800

世界各主要煤炭港口中，煤炭的装卸工艺流程基本上都相同或者相似，即采用翻车机（或者底开门卸车站）卸车，通过皮带机输送到堆场，由堆料机堆料，取料机取料，再通过皮带机输送到码头，经装船机装船。

4.4.1　卸车系统

世界主要煤炭码头中，煤炭集港主要依靠火车运输。火车的卸车工艺首先取决于列车编组的车辆形式，对于自卸车辆，只需在卸车线上设置受料装置和物料运转设备，无需其他卸车设备；对于非自卸车辆，则必须设置专门的卸车设备（表 4-3）。

表 4-3　世界主要煤炭码头卸车能力

序号	煤炭码头名称	国家	卸车系统数量形式	翻车机能力/(t/h)	堆场堆存能力/万 t
1	Dalrymple 港	澳大利亚	2 台底开门卸车站	5 500	280
2	Hay Point	澳大利亚	2 台底开门卸车站	4 500	150
3	Newcastle 港 Carrington	澳大利亚	2 台底开门卸车站	4 000	100
				4 200	
4	Newcastle 港 Kooragang	澳大利亚	3 台底开门卸车站	6 600	300
5	R G Tanna	澳大利亚	2 台底开门卸车站	4 000	420
6	Ridley	加拿大	2 台转子式双翻翻车机（不解列）	6 000	120
7	Westshore	加拿大	1 台双翻翻车机	6 500	250
			1 台单翻翻车机	4 000	
8	Richards 港	南非	4 台双翻翻车机	5 500	600
9	Dominion	美国	1 台转子式双翻翻车机	5 200	170

澳大利亚 5 个煤码头都使用了底开门卸车站，自卸车辆一般都采用底开门漏斗式车型。底开门车辆运输是定点定线的专用运输方式，卸车效率高，能耗低，减少了设备投入，便于设备维护，但在我国煤炭港口中使用不多。由于车辆造价较高，采用这种运输卸车方式必须做矿、路、港的综合论证。尤其是澳大利亚与我国的气候、环境不同，对于我国北方地区来说，没有有效的防冻或解冻措施是不宜采用的。

国内乃至世界其他煤炭码头更多的是采用翻车机卸车系统，在所调查的煤炭码头中，卸车能力均在 4 000～6 000 t/h，其中 89%为双翻翻车机，看来双翻翻车机是较为成熟的技术。随着港口煤炭输出量的提高，需要进一步提高卸车系统的能力，重点需要改进运输车辆和车辆推送系统。即统一运转车型，提高车辆载货量，进而建造专用的运输车辆和翻车机卸车系统。随着我国 C80 和 C100 车型的普及，卸车能力将得到进一步提高。

4.4.2 堆场设备

在所调查的世界煤炭港口中，89%的码头采用了悬臂堆料机、悬臂式斗轮取料机或堆取合一机型进行煤炭进出堆场作业的方式。堆取料机在各煤炭港口中是装卸工艺中的主力机种，占所调查港口的67%。堆取料机的特点是一机多能，可以减少堆场设备的台数，适用于物料货种较少和不经常出现进、出堆场同时作业的地方，特别是容量大、布置短而宽的堆场。在港口的实际应用中，应该全面考虑，既要提高作业灵活性，也要减少设备的投资，可以考虑在适当的堆场使用。

4.4.3 装船设备

世界主要煤码头都采用连续式装船机装船，一个泊位配一台装船机，机型主要有固定式、移动式和摆动式。在被调查的 23 台装船机中，能力在 5 500～10 500 t/h 的占所调查装船机的 70%，可以适应 20 000～200 000 DWT（载重吨）的各种船型。

对于移动式装船机，当多个泊位连接布置时，每个泊位只设一台装船机，有条件的可以将装船机延伸到相邻的泊位进行装船作业，增加灵活性。一旦装船机检修或者出现问题，相邻泊位的装船机有可能协助作业，必要时还可以双机作业，以缩短船舶在港时间。

4.4.4 其他设备

有的煤炭码头设计了装船缓冲仓，在移仓作业时，取料皮带机不停止作业，系统中的煤炭暂时进入设在码头根部的缓冲仓内，当移仓完成恢复装船作业时，缓冲仓存煤在下一个船舱装载过程中一并装入仓内，从而缩短了船舶装卸作业时间，码头通过能力将有可能提高。在新码头建设和老码头改造、扩建中，可以考虑使用装船缓冲仓。在所调查的煤炭码头中，大部分还具备了配煤功能，形式主要有堆配、取配、筒仓配煤等，通过可编辑逻辑控制器（PLC 控制系统）并实时监测配煤质量，保证配煤精度，满足用户要求。

第 5 章　煤炭堆存、装卸应税污染物排放量测算方法与国内实践

5.1　煤炭堆存、装卸应税污染物排放量测算方法综述

5.1.1　国内外相关研究

（1）国外相关研究

西方是人类工业革命的发源地，伴随着其工业特别是重工业的发展，环境污染问题随之显现。第二次世界大战结束以后，西方工业化水平大大提高，对煤炭资源的需求量与日俱增，煤炭在储存、运输和燃烧过程中产生了大量的粉尘和有毒有害气体，而由此产生的空气颗粒物污染也日益严重。因此，国外对颗粒物扬尘问题的研究起步较早。早期的颗粒物扬尘研究是以风沙粒作为突破口，开展颗粒物行为过程及环境效应评价方面的定性研究。

早在 1941 年，Bagnold 就创立了风沙物理学。在一定的假设前提下，Bagnold 将输移颗粒的动量改变作为影响因素，得出了全沙输沙率公式（包括蠕移质）。后来，1951 年河村龙马、1959 年 Finkel、1966 年 Inman 等分别对 Bagnold 公式做了一些改进。

在风与颗粒物相互作用中，Bagnold 和 Abdel-Latif A 发现了风作用下沙粒的运动与水流作用下泥沙的运动的共同点，提出将水流中推移质输沙率计算公式加以修改移植到风沙输移模型中，得出的公式结构与水流中泥沙输运公式基本相似，都是输沙率与摩阻流速的 3 次方成正比，或者与风速超过沙粒起动速度部分的 3 次方成正比。

自 20 世纪 70 年代开始，由于煤炭、矿石等颗粒物货物运输量和储存量的增加，它们所带来的粉尘污染也日益严重，这引起了人们的高度关注和重视。国外许多学者开展研究定量确定散料堆场悬浮颗粒物排放因子和散料装卸作业过程中各类活性，如堆场道

路汽车扬尘、堆场风刮扬尘、散料装卸作业扬尘等对总排放因子的贡献，即各类活性的责任分担率等。

美国学者 Cowherd 于 1973 年最早开始进行堆场风蚀扬尘研究。他在选定的一个物料堆场内共进行了 11 次 24 h 和 8 次 12 h 的连续采样，在测定悬浮颗粒物排放量的过程中，考虑了粒径级配、含水量和风速等影响因素，但最终得出的堆场总排放因子表达式中没有体现出风速的影响，该表达式如下：

$$E = 0.33 / (\mathrm{PE} / 100)^2 \tag{5-1}$$

式中，E —— 排放因子，lb/t[①]；

PE —— Thornthwaite 的降雨蒸发指数。

1978 年，日本学者白仓茂生在研究了日本火电煤堆场的风蚀扬尘情况后，在其发表的《煤尘飞散预测及其防治措施》一文中提出了如下的风蚀扬尘计算公式：

$$Q = 1.2\left[U - (4\sqrt{\rho} + \alpha M)\right]^3 S \tag{5-2}$$

式中，Q —— 悬浮颗粒物排放因子，mg/（$m^2 \cdot s$）；

U —— 风速，m/s；

ρ —— 粉尘密度，g/cm^3；

M —— 含水率，%；

S —— 垛表面积，m^2；

α —— 常数。

1978 年，美国学者 Cowherd 和科罗拉多大学 Dale Llette 在风洞里研究煤堆表面的固结现象对扬尘量的影响，并根据实验结果对 Cowherd 提出的开敞平展的土壤表面由风引起的扬尘量公式进行修正。修正后的土壤风蚀方程如下：

$$E = \frac{3\,900(e/50)(s/15)(f/15)V}{(\mathrm{PE}/50)^2} \tag{5-3}$$

式中，E —— 悬浮颗粒物排放因子，lb/（英亩[②]·a）；

e —— 土壤风蚀性，lb/（英亩·a）；

s —— 土壤中粉砂含量（粒径小于 75 μm 颗粒的含量），%；

① 1 lb=0.454 kg。

② 1 英亩=0.404 686 km^2。

f——在土壤表面上方 1 ft ①的高度上测到的名义上超过风速阈值 5.4 m/s 的百分时间；

V——由于植物覆盖降低风蚀的比值（对光秃土壤等于 1）；

PE——Thornthwaite 的降雨蒸发指数。

1982 年，Cowherd 再次通过风洞试验证明，平稳风速下煤堆的侵蚀较困难，而阵风的扰动能力能够轻易刮起潜在的起动颗粒。因此 Cowherd 认为，阵风能引起颗粒物的最大排放。另外，风对于扬尘的影响还取决于煤堆表面的平整程度。在煤堆场，只要进行装卸作业，都会出现新的暴露面，也就存在风蚀的潜发性。

1984 年，美国的 R C Wells 等也对风速与散货堆场颗粒物扬尘问题进行了相关研究，他们通过对两个发电厂的煤堆场现场实测，提出如下回归方程式：

$$Q = a + bU^n \tag{5-4}$$

式中，Q——悬浮颗粒物排放因子，μg/（$m^2 \cdot s$）；

U——风速，m/s；

n——风速指数；

a、b——系数。

1988 年，美国国家环保局研究了煤堆的扬尘量及其影响因素，提出了其扬尘量计算公式：

$$Q = \frac{Ku^a \rho^b S^c}{(\mathrm{PE})^d} \tag{5-5}$$

式中，Q——扬尘量，mg/s；

K——常数；

u——风速，m/s；

ρ——煤堆松装密度，g/cm^3；

S——煤堆表面积，m^2；

PE——Thornthwaite 的降雨蒸发指数；

a、b、c、d——参数，取值范围为 $2.7 \leqslant a \leqslant 3.02$，$0 \leqslant b \leqslant 5.9$，$c = 0.345$，$d = 2.0$。

该公式考虑的因素较多，计算较为复杂，并且未考虑含水率的影响，无法统计洒水等因素对堆场扬尘量的影响，因此应用不广。

国外相关研究中所涉及方法的比较分析见表 5-1。

---

① 1 ft = 30.48 cm。

表 5-1 国外相关研究中所涉及方法的比较分析

年份	主要研究者	理论或实验依据	主要内容	特点
1941	Bagnold	发现了风作用下沙粒的运动与水流作用下泥沙的运动的共同点，提出将水流中推移质输沙率计算公式加以修改移植到风沙输移模型中	在一定的假设前提下，Bagnold 将输移颗粒的动量改变作为影响因素，得出了全沙输沙率公式（包括蠕移质）	创立了风沙物理学
1973	Cowherd	Cowherd 在一个物料堆场内共进行了 11 次 24 h 和 8 次 12 h 的连续采样，在测定悬浮颗粒物排放量的过程中，考虑了粒径级配、含水量和风速等影响因素	选定的一个物料堆场内共进行了 11 次 24 h 和 8 次 12 h 的连续采样，最终得出堆场总排放因子表达式：$E = 0.33/(\mathrm{PE}/100)^2$	最早开始堆场风蚀扬尘研究
1978	白仓茂生	采样布点方法差异较大，对于数据的统计处理方式也有所差别，最终结果也就不尽相同	研究了日本火电煤堆场的风蚀扬尘情况后，提出风蚀扬尘计算公式：$Q = 1.2\left[U - (4\sqrt{\rho} + \alpha M)\right]^3 S$	日本的研究工作者把重点集中于粒径在 10～700 μm 的能够沉降的颗粒
1978	Cowherd、Dale Llett	在风洞里研究煤堆表面的固结现象对扬尘量的影响	根据实验结果对 Cowherd 提出的开敞平展的土壤表面由风引起的扬尘量公式进行修正：$E = \dfrac{3\,900(e/50)(s/15)(f/15)V}{(\mathrm{PE}/50)^2}$	是对 1973 年堆场总排放因子表达式的修正
1982	Cowherd	通过风洞试验来检验阵风对煤堆的侵蚀情况	①阵风能引起颗粒物的最大排放； ②风对扬尘的影响还取决于煤堆表面的平整程度	再次通过风洞试验表明，平稳风速下煤堆的侵蚀较困难，而阵风的扰动能力能够轻易刮起潜在的起动颗粒
1984	R C Wells	对于风速与散货堆场颗粒物扬尘问题进行了相关研究，对两个发电厂的煤堆场进行了现场实测	提出如下回归方程式：$Q = a + bU^n$	没有考虑含水率等因素，因此应用较少，但是为以后的研究指明了方向

（2）国内相关研究

我国对散货物料颗粒物扬尘排放问题的研究工作在改革开放后才起步，相比西方发达国家起步晚，但经过 30 多年的研究，也取得了相当丰硕的成果。

交通部最早于 1982 年颁布了《港口装卸作业煤粉尘浓度控制指标》，其中列出了煤尘控制的指导思想和控制指标，指出以防为主，将粉尘控制在产生之前。而对于其实施及控制方法比较笼统，停留于概念阶段，如仅指出需要设立洒水设备，而对于洒水的强度和频次未给出明确有效的建议。

1985 年，徐天真等较早对煤炭扬尘问题进行了研究，并针对青岛港煤码头提出了扬尘量估算经验公式，认为扬尘量与风速的高次方成正比。其公式如下：

$$Q = 0.014U^{3.006} \tag{5-6}$$

式中，Q —— 扬尘量，kg/a；

U —— 10 m 高度处风速，m/s。

之后，马乾初、王宝章等在对这个课题进行研究时引入了起动风速的概念，即引起堆场煤尘排放的临界风速。通过大量的风洞试验，采用控制变量法，分别研究了风速、风向、颗粒粒径、含水率以及多料堆之间的相互影响等因素对于扬尘量的贡献，通过对实验数据的回归分析总结出了较为简便的扬尘量估算公式：

$$Q = 1.05\left(U - U_0\right)^3 \mathrm{e}^{-1.023w} \tag{5-7}$$

式中：Q —— 扬尘量，kg/a；

U —— 风速，m/s；

U_0 —— 煤尘起动风速，m/s；

e —— 常数，取 2.718；

w —— 煤炭含水率，%。

1986 年，刘琴通过风洞试验，得出了铁矿砂堆垛的启动风速（为 6.3 m/s）以及矿砂堆垛扬尘量与风速、矿砂含水量之间的关系，堆垛扬尘后降尘扩散情况以及矿砂装卸扬尘量与风速的关系。

1987 年，杨贺清、王献孚等在马乾初研究的基础上，选择煤炭和煤矸石进行对比试验，研究不同密度的物质在相同条件下扬尘规律的差异，得出结果为煤矸石颗粒扬尘量明显小于煤炭扬尘量，证实了密度越大扬尘量越小的结论。

在这些研究的基础上，原乌鲁木齐煤炭设计研究院在研究了国内物料的物理特性之后，经多次试验验证，总结出了新的煤堆扬尘量计算公式：

$$Q = 2.1Z\left(U_{50} - U_0\right)^3 \mathrm{e}^{-1.023w} \tag{5-8}$$

$$U_{50} = 5^a \times U_{10}$$

式中，Q —— 扬尘因子，kg/a；

Z —— 含水率抑尘系数，量纲一；

U_{50} —— 距离地面 50 m 高度的风速，m/s；

U_0 —— 煤尘起动风速，m/s；

w —— 煤炭含水率，%；

a —— 与大气稳定度相关的系数，量纲一；

U_{10} —— 距离地面 10 m 高度的风速，m/s。

在马乾初、王宝章等公式和原乌鲁木齐煤炭设计研究院公式的基础上，王宝章在《秦皇岛煤炭装卸、堆放扬尘及其扩散规律的研究》中又对扬尘量公式进一步做了改进，考虑了风速频率以及降雨的影响，其公式如下：

$$Q_i = 2.1G\left(U_{50} - U_0\right)^3 \mathrm{e}^{-0.556wf_ia} \tag{5-9}$$

式中，Q_i —— 风速为 i 的情况下的扬尘量，kg/a；

G —— 堆场煤炭储量，t；

U_{50} —— 距离地面 50 m 处风速，m/s；

U_0 —— 煤尘起动风速，取 4.4 m/s；

w —— 煤炭含水率，%；

f_i —— 风速为 i 情况下的频率；

a —— 降雨修正系数，取 0.96。

1991 年，姚增权、林成安通过对不同粒径、不同湿度的赤泥扬尘风速及扬尘强度的风洞试验发现，各种湿度的赤泥都存在一定的临界粒径。当赤泥粒径小于该值时，扬尘风速随粒径的减小而增大；而当粒径大于该值时，扬尘风速随粒径的增大而增大。临界粒径随湿度略有变化。通过试验，得到了煤炭装卸扬尘量的经验公式：

$$Q = 0.03V^{1.6}H^{1.23}\mathrm{e}^{-0.23w} \tag{5-10}$$

式中，Q —— 扬尘量，kg/a；

V —— 风速，m/s；

H —— 装卸高度，m；

w —— 煤炭含水率，%。

1998 年，刘海玉、冯杰等针对堆场静态扬尘及道路扬尘问题，进行了堆场二次扬尘计算方法的研究，认为料堆原料污染情况受诸多因素影响，主要包括装卸作业量、大气环境条件、装卸方式和方法以及作业时段。风速、货堆与风向夹角、原料堆积形状等因素都对货物在堆放过程中的扬尘量有较大影响。

2007 年，高艳艳等分析了影响煤炭起动的因素，通过对在不同风速不同含水率下煤场扬尘量的估算，对煤场下风向空气中悬浮颗粒物（TSP）浓度进行了预测并对防止煤场扬尘提出了相应的措施，如设置环形喷水装置、防护带等。

2010 年，从晓春采用风洞试验方法，通过对不同含水率和不同风速的工况进行组合，得到了煤堆表面颗粒的起动风速与粒径和含水率的变化规律，并总结出煤堆扬尘量的试验关联式，但是由于在试验过程中未考虑水分蒸发的影响，所测得的扬尘量偏大。

$$Q = 0.132\left(u - u^*\right)^{2.4} \mathrm{e}^{-0.3825w} \tag{5-11}$$

式中，Q —— 煤炭扬尘量，kg/a；

u —— 风速，m/s；

u^* —— 起动风速，m/s；

w —— 煤炭含水率，%。

国内相关研究中所涉及方法的比较研究见表 5-2。

表 5-2 国内相关研究中所涉及方法的比较研究

时间	主要研究者	理论或实验依据	主要理论内容	特点
1985 年	徐天真	对青岛港煤码头提出了扬尘量估算经验公式，认为扬尘量与风速的高次方成正比	其公式如下： $Q = 0.014U^{3.006}$	较早提出码头堆场扬尘量公式
1985 年后	马乾初、王宝章	通过大量的风洞试验，采用控制变量法，分别研究了风速、风向、颗粒粒径、含水率以及多料堆之间的相互影响等因素对于扬尘量的贡献	通过对试验数据的回归分析总结出了较为简便的扬尘量估算公式： $Q = 1.05\left(U - U_0\right)^3 \mathrm{e}^{-1.023w}$	在研究中引入了起动风速的概念
1987 年后	原乌鲁木齐煤炭设计研究院	分析得出扬尘量与风速、含水率、物料种类及装卸落差等因素的关系，并引入了起动风速概念，其现场适用性、应用性更强	经多次实验验证，总结出了新的煤堆扬尘量计算公式： $Q = 2.1Z\left(U_{50} - U_0\right)^3 \mathrm{e}^{-1.023w}$ $U_{50} = 5^a \times U_{10}$	该方法没有考虑物料种类、粒径分布等参数对扬尘过程的影响，具有一定的局限性

时间	主要研究者	理论或实验依据	主要理论内容	特点
	王宝章	以马乾初、王宝章等公式和原乌鲁木齐煤炭设计研究院公式为基础	《秦皇岛煤炭装卸、堆放扬尘及其扩散规律的研究》又对扬尘量公式进一步做了改进，其公式如下：$Q_i = 2.1G\left(U_{50} - U_0\right)^3 \mathrm{e}^{-0.556wf_i a}$	考虑了风速频率以及降雨的影响
1991 年	姚增权、林成安	通过对不同粒径、不同湿度的赤泥扬尘风速及扬尘强度的风洞试验发现，各种湿度的赤泥都存在一定的临界粒径	得到煤炭装卸扬尘量的经验公式：$Q = 0.03V^{1.6}H^{1.23}\mathrm{e}^{-0.23w}$	当赤泥粒径小于该临界粒径时，扬尘风速随粒径的减小而增大；而当粒径大于该值时，扬尘风速随粒径的增大而增大
1998 年	刘海玉、冯杰	针对堆场静态扬尘及道路扬尘问题进行了堆场二次扬尘计算方法的研究	认为料堆原料污染情况受诸多因素影响，主要包括装卸作业量、大气环境条件、装卸方式和方法以及作业时段。风速、货堆与风向夹角、原料堆积形状等因素都对货物在堆放过程中的扬尘量有较大影响	—
2010 年	从晓春	采用风洞试验方法，对不同含水率和不同风速的工况进行了组合，得到了煤堆表面颗粒的起动风速与粒径和含水率的变化规律	总结出煤堆扬尘量的试验关联式：$Q = 0.132\left(u - u^*\right)^{2.4} \mathrm{e}^{-0.3825w}$	由于在试验过程中未考虑水分蒸发的影响，所测得的扬尘量偏大

5.1.2 规范文件核算方法

（1）卫生部《作业场所空气中粉尘测定方法》（GB 5748—85）

在 1986 年由卫生部颁布的《作业场所空气中粉尘测定方法》（GB 5748—85）中有关于测定作业场所空气中粉尘质量浓度的相关计算公式：

$$C = (m_1 - m_2) / Qt \times 1000 \tag{5-12}$$

式中，C —— 粉尘质量浓度，mg/m^3；

m_1 —— 采样前的滤膜质量，mg；

m_2 —— 采样后的滤膜质量，mg；

Q —— 采样流量，L/min；

t —— 采样时间，min。

而采样时间（t）的估算公式为：

$$t \geqslant \Delta m \times 1000 / (C'Q) \tag{5-13}$$

式中，t —— 采样持续时间，min；

Δm —— 要求的粉尘增量，mg；

C' —— 作业场的估计粉尘质量浓度，mg/m^3。

该测量作业场所粉尘质量浓度的方法主要是为了有效评价作业场所空气中粉尘的危害程度，加强防尘措施的科学管理，保护职工的安全和健康。该标准现已废止。

（2）交通部《港口建设项目环境影响评价规范》（JTJ 226—1997）

1997 年，交通部发布了《港口建设项目环境影响评价规范》（JTJ 226—1997），在该规范中给出了煤炭扬尘量的计算公式为：

$$Q = 2.1\left(U - U_0\right)^3 e^{r_1} \tag{5-14}$$

式中，Q —— 煤堆扬尘量，kg/a；

U —— 堆场风速，m/s；

U_0 —— 煤尘起动风速，m/s，应根据项目煤炭品种的粉尘风洞实验资料确定；

r_1 —— 与煤炭含湿量有关的系数。

该标准现已废止。

（3）卫生部《工作场所空气中粉尘测定　第 1 部分：总粉尘浓度》（GBZ/T 192.1—2007）

2007 年卫生部发布了《工作场所空气中粉尘测定　第 1 部分：总粉尘浓度》（GBZ/T 192.1—2007），是在《作业场所空气中粉尘测定方法》（GB 5748—85）的基础上修订而成的，并代替 GB 5748—85。修订主要是增加了总粉尘时间加权平均浓度的测定。

其原理是空气中总粉尘用已知质量的滤膜采集，由滤膜的增量和采气计算出空气中总粉尘的浓度。

在《工作场所空气中粉尘测定　第 1 部分：总粉尘浓度》（GBZ/T 192.1—2007）中作业场所空气中总粉尘质量浓度计算公式为：

$$C = \frac{m_2 - m_1}{V \times t} \times 1\,000 \tag{5-15}$$

式中，C —— 空气中总粉尘质量浓度，mg/m^3；

m_1 —— 采样后的滤膜质量，mg；

m_2 —— 采样前的滤膜质量，mg；

t —— 采样时间，min；

V —— 采样流量，L/min。

（4）交通运输部《港口建设项目环境影响评价规范》（JTS 105-1—2011）

交通运输部于2011年制定的《港口建设项目环境影响评价规范》（JTS 105-1—2011）（以下简称《规范》）中有关于港口堆场粉尘产生量的计算公式。《规范》综合考虑了外界风场扰动及自身下泄空气扰动对粉尘产生的影响，反映了静风条件下也有装卸粉尘产生的客观规律，更加符合散货装卸的实际工况。动态扬尘的计算公式如下：

$$Q=\frac{\alpha\beta H\mathrm{e}^{\omega_2(w_0-w)}Y}{1+\mathrm{e}^{0.25(v_2-U)}} \tag{5-16}$$

式中，Q—— 作业扬尘量，kg；

α—— 散货类型调节系数；

β—— 作业方式系数，装堆（船）时，β=1，取料时，β=2；

H—— 作业高度，m；

ω_2—— 水分作用系数，与散货性质有关；

w—— 含水率，%；

w_0—— 水分作用效果的临界值，%，即含水率高于此值时水分作用效果增加不明显，与散货性质有关；

Y—— 作业量，t；

v_2—— 作业扬尘量达到最大扬尘量一半时的风速，与粒径分布和颗粒物密度有关，m/s；

U—— 堆场内平均风速，m/s。

（5）环境保护部印发的《钢铁企业大气污染物排放量核算方法》中关于钢铁企业原料堆场排尘量的计算方法

环境保护部于2014年印发了《钢铁企业大气污染物排放量核算方法》，钢铁企业原料堆场烟（粉）尘无组织排放量计算公式为：

$$C_{排尘}=10\times M\times N \tag{5-17}$$

式中，$C_{排尘}$—— 核算时段原料场排尘量，t；

M—— 核算时段原料、辅料及燃料进场总量，万t；

N—— 排放指标，kg/t。

规范文件中涉及方法的比较分析见表5-3。

（6）环境保护部《扬尘源颗粒物排放清单编制技术指南（试行）》

根据 2015 年环境保护部出台的《扬尘源颗粒物排放清单编制技术指南（试行）》（以下简称《指南》），堆场扬尘源属于面源污染，堆场扬尘量的计算包括静态扬尘计算和动态扬尘计算。

静态扬尘量计算公式如下：

$$W_{\mathrm{YS}} = E_{\mathrm{w}} \times A_{\mathrm{Y}} \times 10^{-3} \tag{5-18}$$

式中，W_{YS} —— 堆积存放期间风蚀扬尘量，kg/a；

A_{Y} —— 料堆表面积，m^2；

E_{w} —— 料堆受到风蚀作用的颗粒物排放系数，kg/m^2，其估算公式见式（5-19）。

堆场风蚀扬尘排放系数的计算方法（料堆表面遭受风扰动后引起颗粒物排放的排放系数可以用下式计算）：

$$E_{\mathrm{w}} = k_i \times \sum_{i=1}^{n} P_i \times \left(1-\eta\right) \times 10^{-3} \tag{5-19}$$

$$P_i = \begin{cases} 58 \times (u^* - u_{\mathrm{t}}^*)^2 + 25 \times (u^* - u_{\mathrm{t}}^*) & (u^* - u_{\mathrm{t}}^*) > 0 \\ 0 & (u^* - u_{\mathrm{t}}^*) \leqslant 0 \end{cases} \tag{5-20}$$

式中，E_{w} —— 堆场风蚀扬尘的排放系数，kg/m^2；

k_i —— 物料的粒度乘数；

n —— 料堆每年受扰动的次数；

P_i —— 第 i 次扰动中观测的最大风速的风蚀潜势，g/m^2；

η —— 污染控制技术对扬尘的去除效率，%；

u_{t}^* —— 阈值摩擦风速，即扬尘的临界摩擦风速，m/s；

u^* —— 摩擦风速，m/s。

u^*的计算公式为：

$$u^* = \frac{0.4u(z)}{\ln \dfrac{z}{z_0}} \quad (z > z_0) \tag{5-21}$$

式中，$u(z)$ —— 地面风速，m/s；

z —— 地面风速检测高度，m；

z_0 —— 地面粗糙度，m，根据《指南》，煤炭码头按城市取值 0.6；

0.4 —— 冯卡门常数，量纲一。

根据环境保护部《指南》的算法，堆场扬尘源属于面源污染，其动态扬尘量计算公式如下：

$$W_{\mathrm{YD}} = \sum_{i=1}^{m} E_{\mathrm{h}} \times G_{\mathrm{Y}_i} \times 10^{-3} \tag{5-22}$$

$$E_{\mathrm{h}} = k_i \times 0.0016 \times \frac{\left(\frac{u}{2.2}\right)^{1.3}}{\left(\frac{M}{2}\right)^{1.4}} \times (1-\eta) \tag{5-23}$$

式中，W_{YD} —— 作业扬尘量，kg；

m —— 每年料堆物料装卸总次数；

E_{h} —— 堆场装卸扬尘的排放系数，kg/t；

G_{Y_i} —— 第 i 次装卸过程的物料装卸量，t；

k_i —— 物料的粒度乘数；

u —— 地面平均风速，m/s；

M —— 物料含水率，%；

η —— 污染控制技术对扬尘的去除效率，%。

表 5-3　规范文件中涉及方法的比较分析

发布时间	发布部门	发布文件	主要内容
1986 年	卫生部	《作业场所空气中粉尘测定方法》（GB 5748—85）	测定作业场所空气中粉尘浓度的相关计算公式：$C=(m_1-m_2)/Qt\times 1000$
1997 年	交通运输部	《港口建设项目环境影响评价规范》（JTJ 226—1997）	该规范中给出了煤炭扬尘量计算公式为：$Q=2.1(U-U_0)^3\mathrm{e}^{\eta}$
2007 年	卫生部	《工作场所空气中粉尘测定　第 1 部分：总粉尘浓度》（GBZ/T 192.1—2007）	原理是空气中总粉尘用已知质量的滤膜采集，由滤膜的增量和采气计算出空气中总粉尘的浓度。在 GBZ/T 192.1—2007 中作业场所空气中总粉尘质量浓度计算公式为：$C=\dfrac{m_2-m_1}{V\times t}\times 1000$

发布时间	发布部门	发布文件	主要内容
2011 年	交通运输部	《港口建设项目环境影响评价规范》（JTS 105-1—2011）	综合考虑了外界风场扰动及自身下泄空气扰动对粉尘产生的影响，反映了静风条件下也有装卸粉尘产生的客观规律，更加符合散货装卸的实际工况。动态扬尘的计算公式如下： $Q=\dfrac{\alpha\beta H\mathrm{e}^{\omega_2(w_0-w)}Y}{1+\mathrm{e}^{0.25(v_2-U)}}$
2014 年	环境保护部	《钢铁企业大气污染物排放量核算方法》	钢铁企业原料堆场烟（粉）尘无组织排放量计算公式为： $C_{排尘}=10\times M\times N$
2015 年	环境保护部	《扬尘源颗粒物排放清单编制技术指南（试行）》	堆场扬尘源属于面源污染，堆场扬尘量的计算包括静态扬尘计算和动态扬尘计算。 （1）静态扬尘量计算公式如下： $W_{\mathrm{YS}}=E_{\mathrm{w}}\times A_{\mathrm{Y}}\times10^{-3}$ （2）动态扬尘量计算公式如下： $W_{\mathrm{YD}}=\sum_{i=1}^{m}E_{\mathrm{h}}\times G_{\mathrm{Y}_i}\times10^{-3}$ $E_{\mathrm{h}}=k_i\times0.0016\times\dfrac{\left(\dfrac{u}{2.2}\right)^{1.3}}{\left(\dfrac{M}{2}\right)^{1.4}}\times(1-\eta)$

5.2 其他地区排放量测算办法

其他地区排放量测算办法的比较分析见表 5-4。

表 5-4 其他地区排放量测算办法的比较分析

序号	地区	煤炭粉尘测算办法
1	宁波市	排污系数为 4.97 kg/吨装卸煤，由企业自主申报
2	广州市	
3	秦皇岛港	
4	黄骅港	
5	大连市	参照钢铁行业排污系数测算

5.3 总结排放量测算办法实践经验

针对煤炭港口作业，我国尚无统一的煤炭堆存、装卸过程中应税污染物排放量（即颗粒物排放量）核算方法。

（1）经验公式法

港口颗粒物排放量核算使用较为广泛的公式之一就是交通运输部《港口建设项目环境影响评价规范》推荐的静态扬尘和装卸扬尘计算公式。在实际应用的过程中发现，《规范》推荐的静态扬尘公式，对防风网的作用估计不足。研究表明，架设防风网能有效形成较大区域的低风速区，对抑尘有较为明显的效果，但当前防风网对堆场的综合遮蔽效率尚无准确参数可以进行评价。装卸扬尘公式则存在风速取值方式不同的问题，取值多年风速的平均值、各风速段的均值或逐时风速会导致风速因素所占权重不同，还会影响小时源强和总排放量的计算。

2015 年环境保护部出台的《扬尘源颗粒物排放清单编制技术指南（试行）》，在计算动态扬尘量时会出现动态扬尘量数据远低于同时段的静态扬尘量的结果；一般堆场的作业工艺与煤炭码头的作业工艺存在较大差异；煤炭码头动态扬尘量来源除堆场的物料堆取外，还包括码头作业区的物料装卸、运输等环节，而《指南》没有针对这些工艺环节的计算公式和参数参考值。

此外，还有根据秦皇岛港口煤炭装卸扬尘及扩散规律研究提出的经验公式，该经验公式提出的时间较早，对于货品煤炭品位的提高、装卸堆存工艺的改进以及扬尘抑尘措施建设等带来的扬尘削减量估计不足，故不推荐使用该测算公式。

（2）排污系数法

我国《环境保护税法》规定，无法实际监测且无法按照生态环境部规定的排污系数、物料衡算方法计算的，按照省级生态环境部门规定的抽样测算方法核定计算。目前，各省（区、市）使用的排污系数和减免系数不同，出台时间不一，存在排污系数和减免比例不能符合当前煤炭码头最新作业工艺和环保措施实际的情况，这会影响颗粒物排放量的核算准确性。

（3）实测法

实测法一般采取的是实际监测获得实时污染物浓度及气象条件参数，据此进行数据模拟的方法，使用较为广泛的污染物扩散模型包括高斯扩散模型、ADMS 扩散模型等。

实测法的优势在于源数据真实可靠，可以很好地反映出污染物在采用相应环保措施后，在对应的气象条件下的实际扩散情况；劣势在于构建模型的过程中参数取值具有不确定性，如大气稳定条件、地势参数等取值会因操作人员不同而有所差异，这对测算结果影响很大。

第 6 章　煤炭堆存、装卸应税污染物排放量抽样调查方案

数理统计是用概率论的思想和方法去解决实际问题。在实际问题中出现的总的研究对象，称为总体，其分布一般是未知的，所以，首先要对总体进行抽样，以获取总体的有关信息——样本，再利用这些信息对总体进行分析，对于如何选取样本这个问题，人们经过不断的尝试、试验，渐渐地就发展出了“抽样论”“试验设计”。1895 年，Kiser 在国际统计学会（ISI）最早提出了“代表性抽样”的概念，后来经过 Neyman Hansen 和 Mahalanobis 等的杰出贡献，抽样调查理论与方法在过去的 100 年间已经取得了很大发展，如概率抽样方法的发展和完善、收集信息与控制误差方法的应用。特别是近几十年，大型调查中出现的抽样设计和数据分析的难题，更是推动了理论研究的发展。

在现实生活中，有很多实际问题会用到数理统计知识，它能有效地帮助我们分析和论证，从而得到我们需要的信息。为了更加有效地应用数理统计知识，需要在总体中选取一个最合适的样本，所以，样本的选取方法就成为一个至关重要的问题，只有找到一个最简洁又具有代表性的样本，才能获得隐藏在数据背后的真相。

6.1　基本概念

6.1.1　抽样调查

它是一种非全面调查，是从全部调查研究对象中抽选一部分单位进行调查，并据此对全部调查研究对象作出估计和推断的一种调查方法。

6.1.2　总体与样本

总体是所研究（调查）的对象的全体。如在全国儿童情况调查中，全国所有 0～14 岁儿童就构成调查的总体，调查的目的是得到有关这个总体的某些数据，如全国儿童总数、每个年龄男女儿童的平均身高和平均体重等。如果对每个儿童都进行有关指标的调查，可以获得总体目标的数据，但实际上是很难做到的，为此我们按某种方法只从总体中抽取一部分进行调查，这一部分儿童就构成样本，根据这些样本数据就可以对总体目标进行估计。

6.1.3　概率抽样

抽取样本是抽样调查的一个重要方法。最常用且最科学的方法是进行概率抽样，也称随机抽样。其优点是能保证样本的代表性，避免人为的误差，而且可以对抽样误差进行估计，从而可以获得估计的精度。为了抽样便利，使概率抽样能够实施，通常将总体划分成互不重叠且又穷尽的若干个部分，每个部分称为一个抽样单元。

6.1.4　误差与精度

抽样调查中有两类误差：一类是由于调查中获得的原始数据不正确，抽样框有缺陷，或在调查中由于种种原因无法得到按方法监测的样本数据等，这类误差统称为非抽样误差；另一类是由于抽样引起的，即用样本估计总体所产生的误差，称为抽样误差。抽样误差通常用估计量的均方误差、标准差（或方差）等来表示，抽样误差越小，调查的精度就越高。精度的另一种表示方法是给出总体目标的置信区间，即以一定的置信度（也用概率表示，如 95%）表示总体目标落在一定的范围内，在相同的置信度下，置信区间长度越短，精度就越高。

6.2　抽样调查的优缺点

6.2.1　抽样调查的优点

主要优点有：

①经济性好，实效性强，适应面广，准确性高；

②调查单位少，代表性强，所需调查人员少；

③抽选的调查样本数是经过科学计算确定的，有可靠的保证；

④抽样调查的误差，是在调查前就可以根据调查样本数量和总体中各单位之间的差异程度进行计算的，并控制在允许范围以内，调查结果的准确程度较高。

6.2.2 抽样调查的缺点

主要缺点有：

①所抽取样本是否具有代表性是抽样调查的关键。

②具有不稳定性，有所偏差，存在一定的误差率。

③抽样调查也存在调查的误差和偏误问题，通常误差有两种：一种是工作误差（也称登记误差或调查误差）；另一种是代表性误差（也称抽样误差）。

6.3 抽样调查的特点

抽样调查的本质特点是以部分来说明或代表总体。它是按照科学的原理和计算，从若干单位组成的事物总体中，抽取部分样本单位来进行调查、观察，用所得到的调查数据以代表总体、推断总体。

6.4 抽样方法确定

抽样方法是指从研究对象的总体中抽取部分单位作为样本，通过分析样本的特性，获得有关总体目标量的数据，抽样方法可以分为非概率抽样和概率抽样两类。非概率抽样是指抽取样本时，不是按照随机原则，而是根据主观判断，有目的、有意识地根据方便的原则进行。非概率抽样是按照概率论和数理统计的原理，根据随机原则从研究总体中抽取样本。抽样方法主要有以下几类。

6.4.1 简单随机抽样

简单随机抽样也称纯随机抽样，是一种最基本的抽样方法，也是其他抽样方法的基础。设一个总体的个体数为 N，如果通过逐个抽取的方法从中抽取一个样本，且每次抽取时各个个体被抽到的机会相等，就称这样的抽样为简单随机抽样。

实施简单随机抽样有两种常用方法，分别是抽签法和随机数表法。用抽签法抽取样本的过程中，每一个个体被抽到的机会是均等的，这也是一个样本是否具有良好代表性的关键前提。没有每个个体机会均等，就没有样本的公平性和合理性。同抽签法抽取样本一样，用随机数表法抽取样本的过程中，关键也是要保证每一个剩余个体被抽到的机会是均等的，这就要求随机数表的确是随机产生的，不含人为因素，并且在选择随机数表的开始位置和方向时，也要保证随机性，如果在看过随机数表后再使用，所抽取的样本就失去了公平性，也就没有实际意义了。

对于简单随机抽样需要注意以下几点：

①简单随机抽样是不放回抽样；

②简单随机抽样是逐个地进行抽取；

③简单随机抽样是一种个体机会均等的抽样；

④简单随机抽样适用于总体中的个体数不多的情况。

生活中有许多用抽签法或类似抽签法的案例，如彩票摇奖、电视节目中电话号码抽奖、纳税凭证抽奖等。抽样时也要防止出现不合理的抽样方法，如以某星级宾馆问卷调查客人的收入情况来推断该地区的人均收入，或每隔一周到某一路口调查当地车流量等。

该方法可以逐个地从总体中抽取部分单元作为样本，也可以一次同时从总体中抽出部分单元作为样本，这两种方式都必须保证所有单元具有相同的被抽取概率。该方法的优点是简单、直观，但是在实际应用中也有一些局限，首先，当研究总体很大时，构造抽样框（包含总体所有抽样单元的名单）很困难，如全部学生的名册、该地区所有的餐馆等；其次，该方法由于没有利用其他辅助信息，抽样效率通常不高。

6.4.2　分层抽样

分层抽样也称类型抽样，主要是将总体按照某些特征或规则划分成不同的层，然后从不同的层中进行随机抽样，最后将各层抽取的样本结合起来，构成最终的抽样样本。

一般地，当总体由差异明显的几部分组成时，为了使样本更客观地反映总体情况，常将总体中的个体按不同的特点分成层次比较分明的几部分，然后按照各部分所占的比例实施抽样，所分成的各个部分叫作层。

分层抽样同样是以简单随机抽样为基础的一种抽样方式，对于容量较大、个体差异不明显的总体通常采用系统抽样（下文介绍）方法，但对于许多容量较大、个体差异较大且明显分成几部分的总体，系统抽样虽然能保证公平性和客观性，但样本还是不具有良好的代表性，这时就考虑用分层抽样的方法来抽取样本。

对于分层抽样需要注意以下几点：

①分层抽样适用于总体由差异比较明显的几个部分组成的情况，是等可能抽样，也是客观的、公平的；

②分层抽样是建立在简单随机抽样或系统抽样的基础上的，由于充分利用了已知信息，故样本具有较好的代表性，而且在各层抽样时可以根据情况采用不同的抽样方法，因此在实践中有着非常广泛的应用。

分层抽样方法的优点是利用分层将具有相似特征信息的对象组合在一起，它可以有效地提高抽样效率。但是如何找到合适的特征或规则进行分层是该抽样方法面临的一个难点。

6.4.3 整群抽样

整群抽样首先将总体归并成互不交叉的集合，这些集合称为群，然后以群为单位进行抽样。该抽样方法的优点是不需要总体的抽样框，只需要群的抽样框，因此该抽样方法特别适用于缺乏总体抽样框的数据。在整群抽样中，群内部差异较小，群间差异较大。在抽样数量相等的前提下，由于群间差异较大，该方法会产生较大的抽样误差。

6.4.4 系统抽样

系统抽样也称等距抽样，该方法将总体中的所有单元按照一定顺序排列，随机选择起点，然后根据抽样数量，等间隔选取样本。当总体中的个体数较多时，可将总体平均分成几个部分，从每个部分抽取一个个体，得到所需的样本。

从总体中抽取一个样本来估计总体，样本的抽取是否公平合理固然重要，样本抽取的方法是否经济可行也是十分重要的，面对容量很大的总体，抽取的样本容量显然不可能太小，此时采用简单随机抽样是不经济也不可行的，这种情况下采用系统抽样也就更为合理可行。

系统抽样以简单随机抽样为基础，通过将容量很大的总体分组，只需在某一个组内用简单随机抽样方法来抽取一个个体，然后在一定规则下就能抽取出全部样本，在保证公平客观的前提下简化了抽样过程。

对于系统抽样需要注意以下几点：

①系统抽样适用于总体中个体数较多的情况，它与简单随机抽样的联系在于：对将

总体均分后的每一部分进行抽样时，采用的是简单随机抽样。

②与简单随机抽样相同，系统抽样是等可能抽样，是客观的、公平的；总体中的个体数恰好能被样本容量整除时，可用它们的比值作为系统抽样的间隔；当总体中的个体数不能被样本容量整除时，可用简单随机抽样先从总体中剔除少量个体，使剩下的个体数能被样本容量整除再进行系统抽样。

系统抽样的优点是操作简单，如果有辅助信息对总体内的单元进行有目的、有组织的排序，可以大幅提高抽样质量，降低抽样误差；缺点是估计量方差很难估算。

6.4.5　多阶段抽样

多阶段抽样也称多级抽样，在抽样时分为两个以及两个以上阶段从总体中抽取样本。对于只包含两个阶段的抽样方法，该方法的第一阶段是将总体归并成互不交叉的集合（群），并从中抽取若干群；第二阶段是在抽取的群内，独立随机抽取若干单位作为样本。它类似于整群抽样，但与整群抽样的不同是，该方法不需要群内的所有基本单元，而是进行进一步抽样。多阶段抽样方法具有整群抽样方法的优点，且在较大规模的数据中广泛运用；主要缺点是抽样较为麻烦，且从样本对总体的估计比较复杂。

简单随机抽样、分层抽样、整群抽样、系统抽样、多阶段抽样方法是统计学中最基本的几类抽样方法，也是通用方法。每一种方法都不是万能的，其应用都是在一定的具体条件约束下进行的，而且各有利弊，要根据实际情况采取相应的抽样方法。对一个好的抽样设计效果的评价，本着“抽样误差最小、费用开支最省”的原则，尽量做到二者统一。这就要求在实践中要协调抽样误差和调查费用之间的矛盾，选择最优样本容量的设计方案来综合评价某一方法的抽样设计效果。

6.5　抽样调查范围与对象

根据具体情况确定抽样调查范围，抽样对象为港口区域的煤炭散货码头。所使用的数据为抽样对象所在港口的实地监测数据，监测项目为 TSP，以及气压（kPa）、气温（℃）、总云、低云等气象参数；以连续 3 天的监测数据为单位，从样本中随机抽取两次。

第 7 章　典型区域煤炭堆存、装卸应税污染物监测方案

7.1　监测布点

结合实地勘探结果，确定煤炭堆存、装卸作业典型区域为煤堆堆场、火车卸煤区、皮带装卸堆煤区、皮带取煤装船区、门吊装船区。

粉尘污染源监测布点详见表 7-1。

表 7-1　港口专用矿石码头粉尘污染源监控布点

序号	粉尘污染源	监控点（下风向）	备注
1	煤炭码头卸车机	距舱口 5～50 m 处	煤装卸
2	煤炭码头卸船机	距舱口 5～50 m 处	煤装卸
2	皮带机转接点	距转接点 5～50 m 处	煤炭输送
3	堆取料点	距堆料外 5～60 m 处	堆存取料
4	作业道路	距路沿 5～70 m 处	汽车运输过程
5	防尘网外	距防尘网 5～50 m 处	清洁点

7.2　监测时间及频率

每天采样 4～7 次，一次 20～60 min（视颗粒物污染程度调整监测时间）；每个污染源沿下风向不同距离同步监测 4～5 个样，同步观测记录风速、风向、温度、气压等气象参数。

7.3 监测仪器和设备

①风向、风速：便携式风向表、风速表。

②TSP 采样器：空气颗粒物浓度监测仪。

③电子天平。

④激光粒度分析仪。

⑤滤膜：TSP 用超细玻璃纤维滤膜、滤膜储存盒或袋。

7.4 监测风向和风速

采用便携式风向表、风速表测试现场风向、风速。

7.5 监测依据

①《环境空气　总悬浮颗粒物的测定　重量法》(GB/T 15432—1995)。

②《环境空气　PM_{10} 和 $PM_{2.5}$ 的测定　重量法》(HJ 618—2011)。

③《固定污染源排气中颗粒物测定与气态污染物采样方法》(GB/T 16157—1996)。

④《环境空气质量标准》(GB 3095—2012)。

第 8 章　煤炭堆存、装卸应税污染物排放量测算方法确定

根据《环境保护税法》《财政部　税务总局　环境保护部关于全面做好环境保护税法实施准备工作的通知》（财税〔2017〕62 号）的有关规定，结合实际，制定测算方法。

煤炭堆存、装卸过程大气应税污染物包括煤炭堆存静态风蚀扬尘和动态堆取、装卸作业扬尘。

8.1　静态风蚀扬尘量计算方法

静态风蚀扬尘量计算方法参照环境保护部《扬尘源颗粒物排放清单编制技术指南（试行）》执行，计算公式见 5.1.2 节公式（5-18）～公式（5-21）。

此外，计算过程中的风速参数选用公司在工程位置的自测风速。

8.2　动态堆取、装卸作业扬尘量计算方法

动态堆取、装卸作业扬尘量计算方法包括源强法和排污系数法。优先选用源强法计算，未安装使用扬尘在线监测系统的，采用排污系数法计算。其中，扬尘在线监测系统的建设和运行须满足《扬尘在线监测系统建设及运行技术规范》（DB12/T 725—2017）的相关要求。

8.2.1　源强法

地面浓度反推法以高斯扩散模型为理论基础，其公式如下：

$$W_{\mathrm{YD}} = Q_{\mathrm{c}} \times t \tag{8-1}$$

$$Q_c = 11.3C(x,y,0)\mu_{10}\sigma_z\left(\sigma_y^2+\sigma_{y0}^2\right)^{0.5}\exp\left(\frac{\bar{H}^2}{2\sigma_z^2}\right)\times 10^{-3} \tag{8-2}$$

$$\sigma_y = \gamma_1 X^{\alpha_1} \tag{8-3}$$

$$\sigma_z = \gamma_2 X^{\alpha_2} \tag{8-4}$$

式中，W_{YD} —— 动态堆取、装卸作业扬尘量，kg/d；

Q_c —— 无组织排放源强，kg/h；

t —— 动态系数，一般取 $2\times10^{-4}\sim5\times10^{-4}$；

$C(x, y, 0)$ —— 无组织排放源强的地面质量浓度，mg/m^3；

μ_{10} —— 距离地面 10 m 处的 10 min 平均风速，m/s；

$\bar{H}$ —— 无组织排放源的平均排放高度，m；

σ_{y0} —— 初始扩散参数，$\sigma_{y0}=\alpha_y/4.3$，m；

σ_y、σ_z —— 横向、垂直扩散参数，m；

γ_1、γ_2 —— 横向、垂直扩散参数回归系数；

α_1、α_2 —— 横向、垂直扩散参数回归指数；

X —— 自接收点至面源中心点的距离，m。

8.2.2 排污系数法

基于抽样测算结果，排放量核算公式如下：

装卸一般性粉尘排放量（kg）=散体物料装卸量（t）×装卸过程一般性粉尘产生量系数（kg/装卸吨煤）×（1−排污量削减比例）

堆存一般性粉尘排放量（kg）=散体物料堆存量（t）×堆存过程一般性粉尘产生量系数（kg/装卸吨煤）×（1−排污量削减比例）×堆存期（a）

式中，设置防风抑尘网（墙）的，排放量削减比例为 20%；

安装喷淋防尘设施且正常运行的，排放量削减比例为 10%；

采取有效覆盖措施的，排放量削减比例为 5%；

装卸作业安装固定式或游动式除尘设施且正常运行的，排放量削减比例为 12%；

在全封闭罩棚或仓库内进行堆取、装卸的，排放量削减比例为 100%。

第 9 章　煤炭堆存、装卸应税污染物排放量测算实例

9.1　天津港中煤华能煤码头有限公司装卸工艺及环保措施现状评估

9.1.1　社会经济发展

2017 年，国家有关部委下发的《京津冀及周边地区 2017 年大气污染防治工作方案》（征求意见稿）提出，2017 年 7 月底前，天津港“汽运煤”全部停止；9 月底前，河北省“汽运煤”业务全部停止。2017 年 4 月，天津港率先停止接卸“汽运煤”。受停止“汽运煤”影响，2017 年天津港中煤华能煤码头有限公司（以下简称天津港煤码头公司）吞吐量为 2 600 万 t，较之前出现大幅下滑。在港口煤炭行业发展新战略、新格局下，如何结合国家生态文明建设和环境保护政策要求，制定保障和促进企业发展的环境保护工作规划，加快企业环境管理体系建设，落实生产作业环保措施实施，完成“绿色港口”“生态港口”建设，是天津港在新一轮港口煤炭格局形成的过程中把握机遇、寻求发展的重要议题。

（1）公司概况

天津港煤码头公司是以科技、环保、高效著称的大型煤炭装卸专业化企业，是天津港“北煤南移”战略的重要落脚点。2004 年获得质量、环境、职业健康安全三个管理体系的国家认证证书。公司总资产 17.5 亿元，现有 2 个 7 万 t 级的散货泊位和 2 个 15 万 t 级的散货泊位，码头岸线长 1 170 m，设计堆存能力 200 万 t，码头吞吐能力 5 000 万 t。生产辅助建筑总面积 1.9 万 m^2，包括候工楼、材料库及流动机械库、风机室、变电所等。公司主要经营范围包括大宗散货的存储、装卸、搬运以及场地和机械设备租赁、机加工

等业务。码头年营运 365 d，堆场运营 365 d，昼夜 24 h 连续作业。劳动定员 1 282 人。

（2）公司目前运营状况

公司属于专业化散货码头，2015—2017 年的货种经营情况列于表 9-1 和图 9-1。其中，2015 年总吞吐量为 4 199 万 t，2016 年总吞吐量达到 4 459 万 t，受“汽运煤”停运影响，2017 年总吞吐量为 2 600 万 t。天津港煤码头公司经营货种为煤炭。天津港煤码头公司 2015—2017 年不同煤种比例如图 9-2 所示。

表 9-1　天津港煤码头公司 2015—2017 年吞吐量统计

单位：t

煤种	2015 年 1—3 月	2015 年 4—6 月	2015 年 7—9 月	2015 年 10—12 月	2016 年 1—3 月	2016 年 4—6 月
原煤	1 718 868	1 600 272	918 818	1 132 343	783 871	635 545
块煤	574 435	784 499	840 726	408 025.32	368 145	628 304.74
水洗煤	7 674 463	8 700 310	9 711 964	7 930 140.98	9 733 753	11 765 103
总量	9 967 766	11 085 081	11 471 508	9 470 509.3	10 885 769	13 028 952.74
煤种	2016 年 7—9 月	2016 年 10—12 月	2017 年 1—3 月	2017 年 4—6 月	2017 年 7—9 月	2017 年 10—12 月
原煤	731 149	981 152	960 000	460 000	370 000	150 000
块煤	400 652	702 295	560 000	390 000	360 000	320 000
水洗煤	10 922 592.14	6 935 059	4 990 000	8 060 000	4 640 000	5 840 000
总量	12 054 393.14	8 618 506	6 510 000	8 910 000	4 270 000	6 310 000

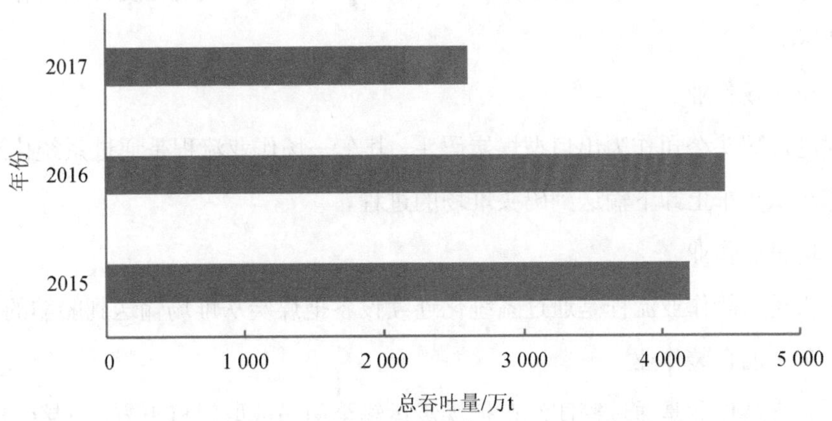

图 9-1　天津港煤码头公司 2015—2017 年吞吐量统计

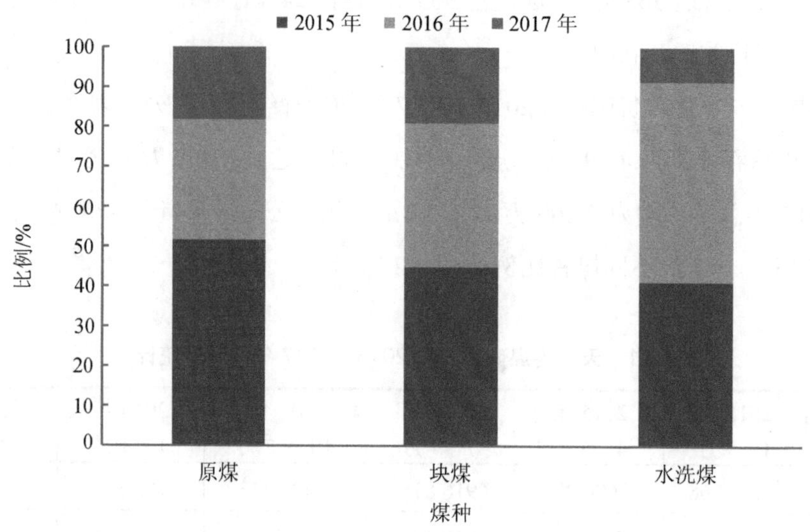

图 9-2　天津港煤码头公司 2015—2017 年不同煤种比例

9.1.2　装卸工艺流程

9.1.2.1　装卸作业

码头堆场是港口的重要资源配置，煤码头公司现场作业的目的就是对煤炭进行有计划的装卸、搬运和储存，其作业流程依据终端（如火车、汽车、皮带、船舶、堆场）和码头的实际情况来确定，煤码头公司现场的作业主要包括车—场作业、场—船作业以及车—船直装作业，作业区包括门吊作业区、翻车机作业区、系统化皮带装卸作业线以及堆场作业区。

（1）车—场作业

天津港煤码头公司作为出口型煤炭码头，其车—场作业流程是通过系统化连续输送设备把煤炭从火车上卸下输送到码头堆场的过程。

（2）场—船作业

煤码头场—船作业流程是通过系统化连续设备把煤炭从堆场输送到船舶的过程。

（3）车—船直装作业

车—船直装作业是通过密闭汽车把煤炭运输至门吊或取料机下方，直接装船的作业模式。

9.1.2.2　作业流程

天津港煤码头公司现场作业流向和主要装卸工艺流程如图 9-3 和表 9-2 所示。

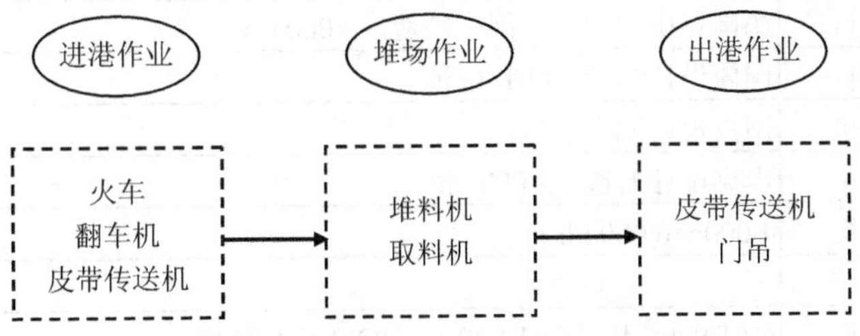

图 9-3　煤码头现场作业流向

表 9-2　主要装卸工艺流程

码头名称	工艺类别	操作过程	工艺流程
南 7#、南 8#码头	煤炭系统化设备作业工艺	火车→堆场	火车→翻车机→皮带机→堆料机→堆场
		堆场→船	堆场→取料机→皮带机→装船机→船
南 9#、南 10#码头	煤炭门机装船工艺	车→船	自卸汽车→门机→船

天津港煤码头公司堆场由以下几部分组成：

①堆场设施：包括喷水管线、喷水装置、粉尘收纳箱、防尘罩和密封设施。

②堆场设备：作为煤炭装卸专业化码头，其堆场中最重要的设备就是专用机械类设备，包括装船机、翻车机、堆料机和取料机等专为煤炭堆场设计的大型机械。其工作流程一般为火车进港后先通过翻车机卸车，煤炭卸下后经过皮带传送到堆场，再由堆料机堆在指定的货位上；装船时先由取料机把应装船的煤炭取料到皮带上，再通过皮带传送至装船机装船。同时煤炭堆场中的其他设备还包括门吊、单斗车、铲车、皮带秤、轨道衡等机械，这些机械与专用机械相辅相成，共同为堆场服务，提高了码头堆场的作业效率，实现了堆场作业的专业、环保和高效。天津港煤码头公司主要的装卸设备见表 9-3。

表 9-3　主要装卸设备

序号	设备名称	型号/负荷	数量/台（座/条）
1	翻车机	英国汉肖设计、国内制造，3 840 t/h	2
2	取料机	奥地利钢铁联合会设计、VOEST-ALPINE 制造，6 000 t/h	3
3	堆料机	奥地利钢铁联合会设计、VOEST-ALPINE 制造，3 840 t/h 2 台，6 000 t/h 1 台	3

序号	设备名称	型号/负荷	数量/台（座/条）
4	堆取料机	奥地利钢铁联合会设计、VOEST-ALPINE 制造，取料机 6 000 t/h，堆料机 3 840 t/h	1
5	装船机	德国克虏伯设计、国内制造，6 000 t/h	4
6	门机	国内设计制造，40T-45 m	8
7	破碎机	国内设计制造，非标	10
8	筛分机	申克设计制造，2 000 t/h	2
9	皮带机	4 000～6 000 t/h	37
10	转接塔	—	18
11	装载机	CAT 980GⅡ、CAT 980H、VOLVO L220E	42
12	皮卡	郑州日产汽车，型号 ZN1022U2M	13
13	金龙旅行	厦门金龙旅行车，型号 XML6601J15	6
14	叉车	6 t、3 t	19
15	吊车	25 t、80 t	2
16	推扒机	—	2
17	自卸车	大力神，15 t	10
18	供电	3#、4#、5#、7#、9#变电所从电力公司 3#KB 站引入，10#、11#变电所从电力公司 4#KB 站引入	7
19	洒水车	北京市政中燕工程机械，型号 BSZ5240GSS	6
20	洗扫车	中联重科，型号 ZJ5160TXE4	2
21	固定式雾炮	YR60	14

9.1.2.3 作业区重点产污环节分析

天津港煤码头公司现有堆场面积为 26 万 m^2，分别分布在南 7#、南 8#和南 9#、10#两泊位后方，拥有 13 块场地。南 7#、南 8#泊位场地情况：南 7#、南 8#共有 7 个货场，全部作为系统化装卸配套的堆存区，“火运煤”经过翻车机接卸后可通过堆料机直接堆存，装船时可通过取料机取料直接装船。南 9#、南 10#泊位场地情况：南 9#、南 10#共有 8 个货场，其中十二场和十三场用作门机车—船直取作业配套区，可同时满足 3 条 5 000 t 级船舶集港作业。六场、九场、十场、十一场是货场备用区。

结合对现有工程的现场调查和分析，天津港煤码头公司作业区产生颗粒物的环节主要包含以下五方面：

①堆料机作业过程中的粉尘排放；

②取料机作业过程中的粉尘排放；

③翻车机作业过程中的粉尘排放；

④堆存过程中煤炭在风力作用下的粉尘排放；

⑤皮带机作业过程中转接塔的粉尘排放。

9.1.3　环保实施举措

天津港煤码头公司为实现作业过程粉尘扬尘环节的减尘降尘，抑尘设施配置情况如下。

9.1.3.1　“三废”处理处置

煤码头公司主要污染源为作业煤尘中带有的 PM_{10}。对于生产作业过程中产生的废水、废气、固体废物和噪声污染的处理处置措施及评价见表 9-4。

表 9-4　天津港煤码头公司“三废”处理处置情况

项目	去向	污染防治措施	改进措施
废水	生活污水排至南疆污水处理中心	处理合理，排污口未设置规范化标识	排污口处设置规范化标识
	含尘雨污水经管网汇总排入南 7#、南 8#污水处理站以及项目东侧远航矿石码头内的南 11#污水处理站，经处理达标后全部用于堆场喷淋、冲车、绿化等，不外排	处置合理	无
废气	安装油烟净化装置处理食堂油烟后外排	处置合理	无
	机械尾气，自然排放	防治措施较合理	加强机械日常维护和管理
	机加工焊接烟尘	安装有移动式焊接烟尘净化装置	无
	喷淋设施：共配置 15 台固定式雾炮、6 台移动式雾炮；皮带机上设有喷雾装置；堆料机、取料机上设有随动喷淋设备。 系统设备：皮带输送系统安装了密封罩，在皮带机转接处设置了密闭转接塔。 其他措施：装卸过程喷淋、堆场喷淋，同时配合苫盖、洒水、车辆冲洗和洗扫车清扫等措施除尘；公司在堆场设有 6 个实时监测点位与环保局联网	较合理，达标排放	—
固体废物	生活垃圾由环卫部门及时清运；工业废物能回收利用的尽量回收利用，不能回收的与生活垃圾一并处理；危险废物交由合佳威环境服务有限公司集中处理	处置去向合理	无
噪声	周围环境	防治措施较合理	加强机械的日常维护

9.1.3.2 抑尘设施配置

（1）固定式雾炮

天津港煤码头公司共配备 15 台固定式雾炮，其中 9#、10#码头前沿作业区北侧设有 8 台、南侧设有 4 台、东侧设有 1 台，共计 13 台固定式雾炮，构成码头作业区域的主要防尘设备；翻车机房内设有 2 台固定式雾炮，用于抑制翻车机作业时产业的粉尘。

9#、10#码头前沿作业区（13 台）和翻车机房内（2 台）的固定式雾炮具有远程监控功能，可通过网络界面进行射雾器的远程状态实时监控和各种动作操作。具体见图 9-4。

（a）9#、10#码头前沿固定式雾炮

（b）翻车机内固定式雾炮

图 9-4　固定式雾炮

（2）移动式雾炮

天津港煤码头公司共配备 6 台移动式雾炮，用于码头前沿和堆场作业的防尘。具体见图 9-5。

图 9-5　移动式雾炮

（3）转接塔及皮带机系统防尘措施

天津港煤码头公司共有 18 座转接塔，配套的皮带机系统总长度为 9 500 m，额定输送能力为 4 000～6 000 t/h，皮带带宽为 2 m。皮带机上设有喷雾装置，皮带输送系统安装了密封罩，在皮带机转接处设密闭转接塔。上皮带机处设密闭头罩和溜料管，下皮带机处设密闭导料槽。具体见图 9-6。

（a）转接塔

（b）密闭皮带机

（c）皮带机喷雾装置

（d）皮带机上方喷淋装置

图 9-6　皮带机及转接塔

（4）喷淋设施

翻车机房在翻车机坑和漏料斗处均设置了雾化喷淋装置，能够保证物料全部喷淋；皮带输送沿线与转接塔均设置喷淋装置；堆料机、取料机上设有随动喷淋设备，由司机控制喷淋的启动，实现门堆取料作业时的实时随动抑尘。具体见图 9-7 和图 9-8。

（5）防风网工程

天津港煤码头公司场区的防风网工程于 2017 年 8 月建设完成并投入使用。工程为封闭设计，总长度为 3 341 m，高度为 18 m，采用网-墙结构，有效防止了场内作业粉尘的扩散。具体见图 9-9。

图 9-7 取料机随动喷淋

图 9-8 堆料机随动喷淋

图 9-9 场区的防风网

（6）其他抑尘措施

堆场除喷雾器喷淋外，同时以苫盖、洒水、车辆冲洗和洗扫车清扫等措施配合除尘，具体见图 9-10。

（7）煤炭系统化装卸作业环保措施

煤炭系统化设备作业过程，主要包括“火车→翻车机→皮带机→堆料机→堆场”以及“堆场→取料机→皮带机→装船机→船”的车—场作业和场—船作业，为减少装卸、运输等作业过程中的粉尘排放量，天津港煤码头公司出台了《系统化作业环保控制流程》，规范系统化作业流程中的环保设施配置和使用情况，具体控制流程见图 9-11。

围绕着系统化作业，公司配置了翻车机（及地坑）、堆取料机、传送带的喷淋装置以及移动式和固定式雾炮等抑尘设施，建设了皮带传送防尘罩、防风网、转接塔等环保设施，配合现场苫盖、定期洗扫、洒水等除尘降尘手段，实现系统化作业全过程的污染控制。

（a）堆场苫盖

（b）冲车台

（c）洒水车

（d）洗扫车

图 9-10　其他抑尘设备

图 9-11　天津港煤码头公司系统化作业环保控制流程

（8）煤炭门机装船作业环保措施

煤炭门机装船作业主要包括场—船作业的“前方堆场→门机→船”作业流程。如图9-12所示，门机作业区配置有固定式和移动式雾炮等喷淋设备，满足门机作业时的降尘需要。

图 9-12　门机作业区降尘作业

（9）环保监测预警系统

公司在堆场设有6个实时监测点位，由生态环境局认可的专业单位安装、维保。采取实时监控，每2 h汇总，统计数据形成24 h环保数据曲线图。优、良为安全级别，不影响正常作业和生产。数值达到轻度污染后应及时采取措施，污染源作业点采用水车喷淋，全场区开启喷淋系统抑尘。

监测点位置具体见图9-13。

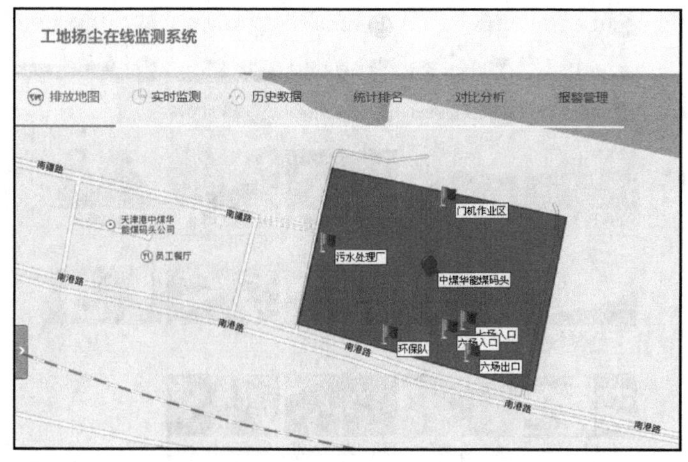

图 9-13　环保监测预警系统

监测预警：0～36 μg/m^3，优；36～76 μg/m^3，良；76～116 μg/m^3，轻度污染；116～151 μg/m^3，中度污染；151～251 μg/m^3，重度污染；251～501 μg/m^3，严重污染；501 μg/m^3 以上爆表。

9.1.3.3　清洁生产建设

公司成立清洁生产领导小组，下设 6 个专项工作组，分近期、中期和远期 3 个阶段实施清洁生产建设工作。实现生产全过程控制的污染预防策略。目前主要采取以下措施。

（1）堆场和进出卡口区域

强化堆场苫盖管理，做到货垛“随干随揭，随完随苫”，作业空档有效喷淋抑尘；严格执行场道分离；强化卡口控制，运输车辆必须采取全密闭运输。

（2）装卸作业过程

卸车作业。在翻车机作业源头充分喷淋，保证煤炭含有一定的湿度，防止在输送环节扬尘；在输送过程中，皮带罩能够隔绝风力影响，也能够抑制煤尘；在现场皮带折返处，也进行喷淋，防止皮带空转时扬尘；堆料机下料口进行喷淋抑尘。

装船作业。在斗轮取料机和下料口均进行喷淋抑尘；在皮带折返处也进行喷淋抑尘；在转接塔进行喷淋抑尘；在装船机下料口喷淋抑尘；皮带运输过程中，皮带罩能够隔绝风力影响，也能够抑制煤尘。

（3）道路运输的清扫和保洁管理

每天有专业队伍和设备对道路进行清扫、喷淋、洗扫，强化全天 24 h 对道路清洁水洗的管控。

（4）环保基础设备建设

完善防风网工程建设；加强道路路面临时平整修复；改善职工的生活和生产环境；疏通排水管线，维护码头前沿设施，推进水污染防治；做好现场作业大机和移动机械的日常保洁。

（5）环保风险源辨识和管控

定期辨识梳理环保扬尘的风险源点，并明确风险源点的管控措施和责任人。

（6）完善清洁生产综合管理体系

依照《中华人民共和国环境保护法》《天津市大气污染防治条例》等相关文件管理规定，完善公司清洁生产综合管理体系。

（7）加强对清洁生产相关知识的培训

在以上工作的基础上，清洁生产建设的中期任务和远期任务主要包括在“汽运煤”

改“火运煤”的背景下，开展集装箱煤炭运输模式市场调研，增加清洁运输的方式；道路整体改造，新建一座冲车台；针对设备的实际运行特点，加大技改力度，消除污染风险源点；2018 年开展综合提升改造。

9.1.3.4 其他环保设施建设

除完善抑尘措施建设，执行清洁生产建设体系，天津港煤码头公司还完成了设立危险固体废物暂存场所、改造给排水系统、提高场区绿化率等一系列环保举措。

（1）危险固体废物暂存场所建设

在南 9#、南 10#后方堆场的西南角设有一处危险废物暂存场所，用于储存机修产生的废机油。

（2）场区绿化

提高场区绿化率，场区绿化面积达到 50 426 m^2。

9.1.4 环保政策执行

9.1.4.1 环评制度执行情况

2016 年 9 月，天津港煤码头公司委托交通运输部天津水运工程科学研究所对该公司开展环境现状调查，编制了《天津港中煤华能煤码头有限公司现状环境影响评估报告》，并报送环保部门备案。天津港煤码头公司建设项目环境影响评价制度执行情况见表 9-5。

表 9-5 天津港煤码头公司建设项目环境影响评价制度执行情况

环评名称	批复编号	审批部门	环保措施落实情况
南 9#、南 10#泊位项目环境影响报告书	津环评估报告〔2003〕004 号	天津市环境保护局	已按照环评以及批复的要求进行了落实
南 9#、南 10#泊位项目环境影响报告书	津环保管函〔2003〕168 号	天津市环境保护局	已按照环评以及批复的要求进行了落实

9.1.4.2 环保应急预案体系

一是突发环境事件应急预案文本及备案情况。天津港煤码头公司现有《煤尘污染应急预案》《恶劣天气生产应急组织管理办法》《重污染天气应急预案》《清雪除冰应急预案》《海上溢油应急预案》等突发环境事件应急预案。

二是配备专门的应急处理人员。天津港煤码头公司设有 24 h 应急处理人员，其联系方式对公司所有工作人员公开。

三是设立明确的重点危险源、雨水排污口标识。

四是主要风险源和相关应急处置措施情况。环保风险源主要有动态作业煤尘扬尘污染及静态下煤尘扬尘污染。对于这两种主要风险源，天津港煤码头公司采取常态化环保洒水抑尘、大风天气下裸露货垛 100%苫盖及抑尘剂喷膜全覆盖抑尘措施，现场实行 24 h 全天候无死角环保洒水抑尘工作，确保环保抑尘工作达标。

五是应急设施和应急救援物资情况。应急设施和应急救援物资由天津港集团公司进行储备，并对救援物资统一指挥调配。

9.1.4.3 环境管理体系

落实环保工作“三必须”原则：管生产必须管环保，管业务必须管环保，管行业必须管环保，明确公司全部门、全员的环保管理责任。

落实环保工作“三同时”制度：同时设计、同时施工、同时投入生产使用。

落实环保工作党政同责、一岗双责，压实各岗位环保管理职责，提高全员环保意识。

确保有关环保管理的程序文件和管理制度在体系网中有效运行，每年均在体系的内审与外审工作中对文件的有效性和执行情况进行审核。

天津港煤码头公司成立专职环保管理部门并组建专业环保队伍，由公司领导层直接领导。公司环保管理部门和环保队伍担任的主要日常工作如下。

一是梳理工作流程，制定和完善管理制度。公司先后出台《海上溢油应急预案》《重污染天气应急预案》《清雪除冰应急预案》《垃圾分类管理办法》《环保工作责任制》等管理制度；重新辨识基层单位责任区环保风险源：公司现有环保风险源 60 项。

二是制定清洁生产实施方案。为贯彻落实《京津冀大气污染防治强化措施（2016—2017 年）》和《京津冀及周边地区 2017 年大气污染防治工作方案》工作要求，全面落实“美丽港口一号工程”建设目标，实现清洁生产的作业环境，公司环保管理部门专门制定了公司清洁生产实施方案，此方案的实施将为公司未来的生存发展奠定坚实基础。

三是部分道路清扫业务进行外包，提高清扫能力和效率。实现公司清洁生产目标，确保公司主要通（干）道、货场随时保持整洁干净无污染的作业环境，考虑到公司现有的环保机械设备难以满足现场清洁生产的实际需求，在天津港当前面临的严峻环保形势下，公司自 2017 年 7 月 1 日起将部分道路清扫业务进行外包，提高清扫能力和效率，降低环保给生产带来的影响，保证现场环保抑尘作业不出现问题。

四是强化责任区绿地树木养护管理。加强公司范围内责任区绿地树木养护管理工作，达到绿化美化环境和景观效果，进一步加强公司绿化养管承包单位监督检查，及时督促做好绿地树木补植栽种、花草整形修剪及更新病残株工作。按照“预防为主，综合防治”的原则，做好植被病虫害防治工作，使绿化养护管理更上水平。

五是加大考核力度。公司环保管理部门根据集团津港环卫〔2017〕261 号文件，编制了环保工作责任制并修订了《环保考核办法》，加大了考核力度，签订了环保责任认定书，同时把环保工作情况纳入绩效考核。

9.1.5 装卸工艺及环保措施存在的问题

一是尚存少量场内倒运作业。为了满足部分客户的特殊装船要求，有一小部分货需倒运至门吊作业区作业。

二是堆场为露天式。由于码头大型机械作业设备与工艺的原因，天津港煤码头公司仍采用露天堆场，这是世界大型散货作业码头的普遍现象，堆场堆存过程中的风蚀作用是天津港煤码头粉尘污染源的主要原因之一，因此，天津港煤码头公司亟须尽快论证封闭式储存工艺的可行性。

三是缺乏自动化喷淋系统。天津港煤码头公司现采用的是专业环保队伍操作多种喷淋装置，每日多次在场区内进行喷淋工作，缺乏自动化、智能化的喷淋系统。同时，没有完善的喷淋数据记录系统用来记录气象数据、物料特性以及喷洒技术参数。

四是缺少喷淋配置的科学论证。喷淋方案的确定缺少科学论证，若喷淋不足则无法达到有效抑尘的效果，若喷淋过量则容易造成水资源的浪费和物料堆的塌陷。天津港煤码头公司需尽快对水资源用水效率加以论证，以达到资源利用效益最大化。

9.2 天津港煤码头公司颗粒物排放量核算与压力预测

9.2.1 颗粒物排放量核算

煤炭在港口码头的堆存与作业过程中，涉及的可变因素很多。根据现场监测与观察，颗粒物的产生量主要是在煤场码头、堆取料点等地方。颗粒物的产生量既有自然因素，也有人为因素。为使扬尘量的计算较为准确并符合实际情况，将排放的颗粒物总量分别进行计算。

9.2.1.1　静态扬尘量核算

（1）堆场静态扬尘量核算方法

根据环境保护部出台的《扬尘源颗粒物排放清单编制技术指南（试行）》，堆场扬尘源属于面源污染，其静态扬尘量计算公式见 5.1.2 节式（5-18）～式（5-21）。

此外，计算过程中的风速参数选用公司在工程位置的自测风速，由于该风速采用风力表示，本次计算采用风力范围的上限风速，这一风速大于实际风速，因此，本次计算结果是偏保守的。

根据场内监测数据，2017 年 9 月 28—30 日、10 月 1—3 日两个时段以及 2017 年 12 月 3—8 日的地面风速分别在 2.3～3.4 m/s 和 1～5 m/s（表 9-6），经计算得到的摩擦风速小于阈值摩擦风速，根据《指南》，在此情况下，认为未达到扬尘的临界摩擦风速，则第 i 次扰动中观测的最大风速的风蚀潜势均为 0，静态扬尘量可以忽略不计。

交通运输部《港口建设项目环境影响评价规范》中给出的干散货码头堆场静态扬尘公式如下：

$$Q = 0.5\alpha\left(U - U_0\right)^3 S \tag{9-1}$$

$$U_0 = 0.03\mathrm{e}^{0.5w} + 3.2 \tag{9-2}$$

式中，Q —— 堆场扬尘量，kg；

α —— 货物类型扬尘调节系数，沫煤为 1.2，其他的煤炭按照原煤计算，为 0.8。本次堆场面积为 26 万 m^2，沫煤堆场面积按照 54%计算，其他煤种堆场面积按照 46%计算，则沫煤堆场面积为 14.04 万 m^2，其他煤种堆场面积为 11.96 万 m^2；

U —— 风速，堆场内平均风速，为堆场外风速的 0.89，m/s；

U_0 —— 混合粒径颗粒的起动风速，m/s；

S —— 堆垛表面积，m^2；

w —— 含水率，%，煤炭码头使用移动式和固定式雾炮、洒水车、堆取料机随动喷淋设备等，保证作业及堆存时煤炭含水率不低于 8%，本次核算按照 8%进行计算。

表 9-6　天津港煤码头公司堆场静态扬尘排放量《指南》核算

日期	地面粗糙度（z_0）/m	地面风速检测高度（z）/m	地面风速［u（z）］/（m/s）	摩擦风速（u^*）/（m/s）	阈值摩擦风速（u_t^*）/（m/s）	料堆表面积（A_Y）/m²	物料的粒度乘数（k_i）	第 i 次扰动中观测的最大风速的风蚀潜势（P_i）/（g/m²）	污染控制技术对扬尘的去除效率（η）	堆场静态扬尘排放量/（kg/d）
2017年9月28日	0.6	10	2.3	0.327	1.02	26×10^4	1.0	0	0.61	—
2017年9月29日	0.6	10	3	0.427	1.02	26×10^4	1.0	0	0.61	—
2017年9月30日	0.6	10	2.9	0.412	1.02	26×10^4	1.0	0	0.61	—
2017年10月1日	0.6	10	3.4	0.483	1.02	26×10^4	1.0	0	0.61	—
2017年10月2日	0.6	10	2.9	0.412	1.02	26×10^4	1.0	0	0.61	—
2017年10月3日	0.6	10	2.4	0.341	1.02	26×10^4	1.0	0	0.61	—
2017年12月3日	0.6	10	2	0.284	1.02	28.6×10^3	1.0	0	0.61	—
2017年12月4日	0.6	10	4	0.569	1.02	28.6×10^3	1.0	3.735	0.61	—
2017年12月5日	0.6	10	1	0.142	1.02	28.6×10^3	1.0	0	0.61	—
2017年12月6日	0.6	10	1.5	0.213	1.02	28.6×10^3	1.0	0	0.61	—
2017年12月7日	0.6	10	1	0.142	1.02	28.6×10^3	1.0	3.735	0.61	—
2017年12月8日	0.6	10	5	0.711	1.02	28.6×10^3	1.0	3.735	0.61	—

根据场内监测数据，2017 年 9 月 28—30 日、10 月 1—3 日两个时段的风速在 2.3～3.4 m/s，2017 年 12 月 3—8 日的场内风速在 1～5 m/s，小于混合粒径颗粒的起动风速，根据《规范》，在此情况下，认为未达到扬尘的临界风速，静态扬尘量可以忽略不计。下面以 2017 年 9 月 28—30 日、10 月 1—3 日两个时段为例，说明不同煤种的各参数取值（表 9-7）。

表 9-7 天津港煤码头公司堆场静态扬尘排放量《规范》核算

日期	散货类型调节系数（α）	场内平均风速（U）/（m/s）	含水率（w）/%	混合粒径颗粒的起动风速（U_0）/（m/s）	堆垛表面积（S）/ m^2	堆场静态扬尘量/（kg/d）
沫煤静态扬尘量核算						
2017 年 9 月 28 日	1.2	2.3	8	4.838	15.444	—
2017 年 9 月 29 日	1.2	3	8	4.838	15.444	—
2017 年 9 月 30 日	1.2	2.9	8	4.838	15.444	—
2017 年 10 月 1 日	1.2	3.4	8	4.838	15.444	—
2017 年 10 月 2 日	1.2	2.9	8	4.838	15.444	—
2017 年 10 月 3 日	1.2	2.4	8	4.838	15.444	—
其他煤种静态扬尘量核算						
2017 年 9 月 28 日	0.8	2.3	8	4.838	13.156	—
2017 年 9 月 29 日	0.8	3	8	4.838	13.156	—
2017 年 9 月 30 日	0.8	2.9	8	4.838	13.156	—
2017 年 10 月 1 日	0.8	3.4	8	4.838	13.156	—
2017 年 10 月 2 日	0.8	2.9	8	4.838	13.156	—
2017 年 10 月 3 日	0.8	2.4	8	4.838	13.156	—

（2）2015—2017 年堆场静态扬尘量核算结果

采用该方法核算后，得到 2016 年 5 月—2017 年堆场受风蚀作用引起的静态扬尘量，见表 9-8。计算示例见表 9-9（以 2016 年 5 月为例）。静态扬尘量受风力情况和堆料表面积等因素影响显著，据此估算 2015 年 1 月—2016 年 4 月的静态扬尘量。2015 年堆料占地面积取 26 万 m^2，考虑到季节因素，假设年际同时期受风力扰动次数相近，假设风力平均为 4 级风，据此得到的静态扬尘量结果参见表 9-9。

核算后得到 2015 年、2016 年和 2017 年的煤码头堆场静态扬尘量分别为 17.91 t、31.03 t 和 44.05 t。其中 2015 年的静态扬尘量偏低，可能是料堆受扰动次数及风力的估计值偏低所致。

表 9-8　2015—2017 年天津港煤码头公司堆场静态扬尘量核算

2015 年	1—4 月			5—12 月		
受扰动次数	8			35		
最大风力	4 级					
静态扬尘量/kg	3 332.606			14 580.153		
2015 年合计/t				17.91		
2016 年	1—4 月				5 月	6 月
受扰动次数	8				8	0
最大风力	4 级				5 级	3 级
静态扬尘量/kg	3 332.606				5 681.029	0
2016 年	7 月	8 月	9 月	10 月	11 月	12 月
受扰动次数	1	2	3	7	6	5
最大风力	6 级	4 级	4 级	5 级	5 级	4 级
静态扬尘量/kg	7 740.831	833.152	1 249.727	5 264.453	4 847.877	2 082.879
2016 年合计/t				31.03		
2017 年	1 月	2 月	3 月	4 月	5 月	6 月
受扰动次数	0	0	0	8	10	13
最大风力	2 级	2 级	3 级	5 级	5 级	5 级
静态扬尘量/kg	0	0	0	5 681.029	6 514.180	7 763.908
2017 年	7 月	8 月	9 月	10 月	11 月	12 月
受扰动次数	0	0	2	6	6	10
最大风力	3 级	2 级	4 级	5 级	5 级	5 级
静态扬尘量/kg	0	0	833.152	4 847.877	7 196.300	11 211.025
2017 年合计/t				44.05		

表 9-9　天津港煤码头公司堆场静态扬尘月排放量

日期	地面粗糙度（z_0）/m	地面风速检测高度（z）/m	地面风速［u（z）］/（m/s）	摩擦风速（u^*）/（m/s）	阈值摩擦风速（u_t^*）/（m/s）	料堆表面积（A_Y）/m^2	物料的粒度乘数（k_i）	第 i 次扰动中观测的最大风速的风蚀潜势（P_i）/（g/m^2）	污染控制技术对扬尘的去除效率（η）
2016 年 5 月 1 日	0.6	10	5.5	0.782	1.02	286 000	1.0	0	0.61
2016 年 5 月 2 日	0.6	10	8.0	1.137	1.02	286 000	1.0	3.735	0.61
2016 年 5 月 3 日	0.6	10	5.5	0.782	1.02	286 000	1.0	0	0.61
2016 年 5 月 4 日	0.6	10	5.5	0.782	1.02	286 000	1.0	0	0.61
2016 年 5 月 5 日	0.6	10	8.0	1.137	1.02	286 000	1.0	3.735	0.61
2016 年 5 月 6 日	0.6	10	8.0	1.137	1.02	286 000	1.0	3.735	0.61
2016 年 5 月 7 日	0.6	10	0	0	1.02	286 000	1.0	0	0.61
2016 年 5 月 8 日	0.6	10	5.5	0.782	1.02	286 000	1.0	0	0.61
2016 年 5 月 9 日	0.6	10	5.5	0.782	1.02	286 000	1.0	0	0.61
2016 年 5 月 10 日	0.6	10	0	0	1.02	286 000	1.0	0	0.61
2016 年 5 月 11 日	0.6	10	8.0	1.137	1.02	286 000	1.0	3.735	0.61
2016 年 5 月 12 日	0.6	10	10.5	1.493	1.02	286 000	1.0	24.789	0.61
2016 年 5 月 13 日	0.6	10	5.5	0.782	1.02	286 000	1.0	0	0.61
2016 年 5 月 14 日	0.6	10	0	0	1.02	286 000	1.0	0	0.61
2016 年 5 月 15 日	0.6	10	8.0	1.137	1.02	286 000	1.0	3.735	0.61
2016 年 5 月 16 日	0.6	10	5.5	0.782	1.02	286 000	1.0	0	0.61
2016 年 5 月 17 日	0.6	10	5.5	0.782	1.02	286 000	1.0	0	0.61
2016 年 5 月 18 日	0.6	10	5.5	0.782	1.02	286 000	1.0	0	0.61
2016 年 5 月 19 日	0.6	10	0	0	1.02	286 000	1.0	0	0.61

日期	地面粗糙度（z_0）/m	地面风速检测高度（z）/m	地面风速［u（z）］/（m/s）	摩擦风速（u^*）/（m/s）	阈值摩擦风速（u_t^*）/（m/s）	料堆表面积（A_Y）/m²	物料的粒度乘数（k_i）	第 i 次扰动中观测的最大风速的风蚀潜势（P_i）/（g/m²）	污染控制技术对扬尘的去除效率（η）
2016 年 5 月 20 日	0.6	10	5.5	0.782	1.02	286 000	1.0	0	0.61
2016 年 5 月 21 日	0.6	10	5.5	0.782	1.02	286 000	1.0	0	0.61
2016 年 5 月 22 日	0.6	10	0	0	1.02	286 000	1.0	0	0.61
2016 年 5 月 23 日	0.6	10	0	0	1.02	286 000	1.0	0	0.61
2016 年 5 月 24 日	0.6	10	5.5	0.782	1.02	286 000	1.0	0	0.61
2016 年 5 月 25 日	0.6	10	5.5	0.782	1.02	286 000	1.0	0	0.61
2016 年 5 月 26 日	0.6	10	8.0	1.137	1.02	286 000	1.0	3.735	0.61
2016 年 5 月 27 日	0.6	10	5.5	0.782	1.02	286 000	1.0	0	0.61
2016 年 5 月 28 日	0.6	10	0	0	1.02	286 000	1.0	0	0.61
2016 年 5 月 29 日	0.6	10	5.5	0.782	1.02	286 000	1.0	0	0.61
2016 年 5 月 30 日	0.6	10	5.5	0.782	1.02	286 000	1.0	0	0.61
2016 年 5 月 31 日	0.6	10	8.0	1.137	1.02	286 000	1.0	3.735	0.61
2016 年 5 月静态扬尘排放量合计/kg					5 681.029				

9.2.1.2　动态扬尘量核算

（1）环境保护部《指南》中的方法

①动态扬尘量核算方法。根据环境保护部《指南》的算法，堆场扬尘源属于面源污染，其动态扬尘量计算公式如下：

$$W_{\mathrm{YD}}=\sum_{i=1}^{m}E_{\mathrm{h}}\times G_{\mathrm{Y}_i}\times 10^{-3} \tag{9-3}$$

$$E_{\mathrm{h}}=k_i\times 0.0016\times\frac{\left(\frac{u}{2.2}\right)^{1.3}}{\left(\frac{M}{2}\right)^{1.4}}\times(1-\eta) \tag{9-4}$$

式中，W_{YD} —— 作业扬尘量，kg；

m —— 每年料堆物料装卸总次数；

E_{h} —— 堆场装卸扬尘的排放系数，kg/t；

G_{Y_i} —— 第 i 次装卸过程的物料装卸量，t；

k_i —— 物料的粒度乘数，根据《指南》参考值，TSP 取值 0.74，本次核算按 0.74 计算；

u —— 地面平均风速，m/s；

M —— 物料含水率，%，公司配备 14 台固定式雾炮、6 台移动式雾炮、洒水车、堆取料机随动喷淋设备等，保证作业及堆存时煤炭含水率不低于 8%，本次核算按 8%计算；

η —— 污染控制技术对扬尘的去除效率，煤码头采取输送点位连续洒水操作，取值 0.74，本次核算按 0.74 计算。

②2015—2017 年动态扬尘量核算结果。核算时，2016 年 5 月—2017 年根据实际测得风速计算；2015 年 1 月—2016 年 4 月，假设风力平均为 3 级风（出现频次最高）。此外，2015—2017 年的煤炭日吞吐量分别为 11.505 万 t、12.216 万 t 和 7.123 万 t。采用上述方法核算后，得到 2015—2017 年动态扬尘量分别为 6.109 t、4.607 t 和 3.122 t，具体见表 9-10。

表 9-10 2015—2017 年天津港煤码头公司动态扬尘量核算

<table>
<tr><td>2015 年</td><td colspan="6">1—12 月</td></tr>
<tr><td>2015 年煤炭
日吞吐量/万 t</td><td colspan="6">11.505</td></tr>
<tr><td colspan="4">2015 年合计/t</td><td colspan="3">6.109</td></tr>
<tr><td>2016 年</td><td colspan="4">1—4 月</td><td>5 月</td><td>6 月</td></tr>
<tr><td>2016 年煤炭
日吞吐量/万 t</td><td colspan="6">12.216</td></tr>
<tr><td>动态扬尘量/t</td><td colspan="4">2.132</td><td>0.528</td><td>0.260</td></tr>
<tr><td>2016 年</td><td>7 月</td><td>8 月</td><td>9 月</td><td>10 月</td><td>11 月</td><td>12 月</td></tr>
<tr><td>2016 年煤炭
日吞吐量/万 t</td><td colspan="6">12.216</td></tr>
<tr><td>动态扬尘量/t</td><td>0.164</td><td>0.218</td><td>0.226</td><td>0.399</td><td>0.357</td><td>0.323</td></tr>
<tr><td colspan="4">2016 年合计/t</td><td colspan="3">4.607</td></tr>
<tr><td>2017 年</td><td>1 月</td><td>2 月</td><td>3 月</td><td>4 月</td><td>5 月</td><td>6 月</td></tr>
<tr><td>2017 年煤炭
日吞吐量/万 t</td><td colspan="6">7.123</td></tr>
<tr><td>动态扬尘量/t</td><td>0.109</td><td>0.077</td><td>0.155</td><td>0.325</td><td>0.363</td><td>0.366</td></tr>
<tr><td>2017 年</td><td>7 月</td><td>8 月</td><td>9 月</td><td>10 月</td><td>11 月</td><td>12 月</td></tr>
<tr><td>2017 年煤炭
日吞吐量/万 t</td><td colspan="6">7.123</td></tr>
<tr><td>动态扬尘量/t</td><td>0.133</td><td>0.131</td><td>0.324</td><td>0.367</td><td>0.364</td><td>0.408</td></tr>
<tr><td colspan="4">2017 年合计/t</td><td colspan="3">3.122</td></tr>
</table>

③适用性分析。使用《指南》推荐公式，经核算得到 2015—2017 年的堆场动态扬尘量，得到的动态扬尘量数据低于同时段的静态扬尘量。因为一般堆场的作业工艺与煤码头的作业工艺不同，煤码头的动态扬尘量来源除堆场的物料堆取外，还包括码头作业区的物料装卸、运输等环节，而《指南》中没有针对这些工艺环节的计算公式和参数参考值。因此，本次核算中使用《规范》推荐的公式计算堆场的动态扬尘量。

（2）交通运输部《规范》中的方法

①动态扬尘量核算方法。天津港煤码头公司的动态扬尘环节主要是码头和堆场作业区。其中，堆场在堆取料过程中采用堆取料机、翻车机等进行作业，作业过程中会产生动态扬尘，使用《规范》推荐的公式计算。《规范》综合考虑了外界风场扰动及自身下泄空气扰动对粉尘产生的影响，反映了静风条件下也有装卸粉尘产生的客观规律，更加符合散货装卸的实际工况。动态扬尘的计算公式如下：

$$Q = \frac{\alpha\beta H e^{\omega_2(w_0 - w)} Y}{1 + e^{0.25(v_2 - U)}} \tag{9-5}$$

式中，Q—— 作业扬尘量，kg；

α—— 散货类型调节系数，本次核算煤炭按照原煤系数 0.8 计算；

β—— 作业方式系数，装堆（船）时，β=1，取料时，β=2，本次核算堆场动态扬尘量时取值为 2；

H—— 作业高度，m，一般为 1 m，本次核算按 1 m 计算；

ω_2—— 水分作用系数，与散货性质有关，散货为 0.45；

w—— 含水率，%，公司配备 14 台固定式雾炮、6 台移动式雾炮、洒水车、堆取料机随动喷淋设备等，保证作业及堆存时煤炭含水率不低于 8%，本次核算按 8%计算；

w_0—— 水分作用效果的临界值，%，即含水率高于此值时水分作用效果增加不明显，与散货性质有关，煤炭的 w_0 值为 6%；

Y—— 作业量，t；

v_2—— 作业扬尘量达到最大扬尘量一半时的风速，与粒径分布和颗粒物密度有关，一般散货取 16 m/s，本次核算按 16 m/s 计算；

U—— 堆场内平均风速，m/s。

天津港煤码头公司装卸动态扬尘排放量核算见表 9-11。

根据表 9-12 和表 9-13，得到天津港煤码头公司装卸、堆存动态扬尘量，其中第一次抽样监测后得到的动态扬尘日均值为 2 996.99 kg/d，第二次抽样监测后得到的动态扬尘日均值为 1 852.64 kg/d，第三次抽样监测后得到的动态扬尘日均值为 5 700.47 kg/d。

表 9-11　天津港煤码头公司装卸动态扬尘排放量核算

日期	散货类型调节系数（α）	堆场内平均风速（U）/（m/s）	作业方式系数（β）	含水率（w）/%	作业高度（H）/m	作业量（Y）/（t/d）	水分作用系数（ω_2）	水分作用效果的临界值（w_0）/%	作业扬尘量达到最大扬尘量一半时的风速（v_2）/（m/s）	动态扬尘排放量/（kg/d）
2017 年 9 月 28 日	0.8	2.3	2	8	1	72 439	0.45	6	16	1 485.45
2017 年 9 月 29 日	0.8	3.0	2	8	1	71 242	0.45	6	16	1 729.87
2017 年 9 月 30 日	0.8	2.9	2	8	1	117 224	0.45	6	16	2 778.67
2017 年 10 月 1 日	0.8	3.4	2	8	1	45 957	0.45	6	16	1 228.45
2017 年 10 月 2 日	0.8	2.9	2	8	1	15 600	0.45	6	16	369.78
2017 年 10 月 3 日	0.8	2.4	2	8	1	100 295	0.45	6	16	2 107.05
2017 年 12 月 3 日	0.8	5.5	2	8	1	68 920	0.45	6	16	3 028.34
2017 年 12 月 4 日	0.8	8.0	2	8	1	68 920	0.45	6	16	5 344.25
2017 年 12 月 5 日	0.8	5.5	2	8	1	68 920	0.45	6	16	3 028.34
2017 年 12 月 6 日	0.8	5.5	2	8	1	68 920	0.45	6	16	3 028.34
2017 年 12 月 7 日	0.8	8.0	2	8	1	68 920	0.45	6	16	5 344.25
2017 年 12 月 8 日	0.8	5.5	2	8	1	68 920	0.45	6	16	3 028.34

表 9-12　天津港煤码头公司装卸、堆存动态扬尘排放量　单位：kg/d

日期	装卸动态扬尘量	堆存动态扬尘量	动态扬尘排放量合计
2017 年 9 月 28 日	1 485.45	742.72	2 228.17
2017 年 9 月 29 日	1 729.87	864.93	2 594.80
2017 年 9 月 30 日	2 778.67	1 389.33	4 168.00
日均值			2 996.99
2017 年 10 月 1 日	1 228.45	614.22	1 842.67
2017 年 10 月 2 日	369.78	184.89	554.67
2017 年 10 月 3 日	2 107.05	1 053.53	3 160.58
日均值			1 852.64
2017 年 12 月 3 日	3 028.34	1 514.17	4 542.51
2017 年 12 月 4 日	5 344.25	2 672.13	8 016.38
2017 年 12 月 5 日	3 028.34	1 514.17	4 542.51
2017 年 12 月 6 日	3 028.34	1 514.17	4 542.51
2017 年 12 月 7 日	5 344.25	2 672.13	8 016.38
2017 年 12 月 8 日	3 028.34	1 514.17	4 542.51
日均值			5 700.47

表 9-13　抽样对象吞吐量情况

日期	吞吐量/（t/d）
第一次抽样	
2017 年 9 月 28 日	72 439
2017 年 9 月 29 日	71 242
2017 年 9 月 30 日	117 224
第二次抽样	
2017 年 10 月 1 日	45 957
2017 年 10 月 2 日	15 600
2017 年 10 月 3 日	100 295
第三次抽样	
2017 年 12 月 3 日	68 920
2017 年 12 月 4 日	68 920
2017 年 12 月 5 日	68 920
2017 年 12 月 6 日	68 920
2017 年 12 月 7 日	68 920
2017 年 12 月 8 日	68 920

②2015—2017 年动态扬尘量核算结果。

a. 堆取料动态扬尘量核算结果。采用上述方法核算后，得到 2016 年 5 月—2017 年堆取料过程的动态扬尘量。动态扬尘量受风力情况、作业量等因素影响显著，假设风力平均为 3 级风（出现频次最高），据此估算 2015 年 1 月—2016 年 4 月的动态扬尘量。2015—2017 年的煤炭日均吞吐量分别为 11.505 万 t、12.216 万 t 和 7.123 万 t。据此得到的堆取料动态扬尘量结果参见表 9-14。堆取料过程的动态扬尘量计算示例见表 9-15（以 2016 年 5 月为例）。

表 9-14　2015—2017 年天津港煤码头公司堆取料作业动态扬尘量核算

2015 年	1—12 月					
2015 年煤炭日吞吐量/万 t	11.505					
2015 年合计/t				1 845.25		
2016 年	1—4 月				5 月	6 月
2016 年煤炭日吞吐量/万 t	12.216					
动态扬尘量/t	644.147				178.241	98.522
2016 年	7 月	8 月	9 月	10 月	11 月	12 月
2016 年煤炭日吞吐量/万 t	12.216					
动态扬尘量/t	91.116	93.259	95.250	146.332	133.656	121.845
2016 年合计/t				1 602.37		
2017 年	1 月	2 月	3 月	4 月	5 月	6 月
2017 年煤炭日吞吐量/万 t	7.123					
动态扬尘量/t	46.820	38.098	56.357	105.541	117.459	119.406
2017 年	7 月	8 月	9 月	10 月	11 月	12 月
2017 年煤炭日吞吐量/万 t	7.123					
动态扬尘量/t	51.907	51.126	98.686	115.219	115.917	132.450
2017 年合计/t				1 048.98		

核算后得到 2015—2017 年的天津港煤码头公司堆取料动态扬尘量分别为 1 845.25 t、1 602.37 t 和 1 048.98 t。其中，2017 年的堆取料动态扬尘量相比 2015 年、2016 年同时期出现大幅削减，可能是全面停止“汽运煤”，堆取作业量减少所致。

表 9-15 天津港煤码头公司堆取料动态扬尘月排放量

日期	散货类型调节系数（α）	堆场内平均风速（U）/（m/s）	作业方式系数（β）	含水率（w）/%	作业高度（H）/m	作业量（Y）/（t/d）	水分作用系数（ω_2）	水分作用效果的临界值（w_0）/%	作业扬尘量达到最大扬尘量一半时的风速（v_2）/（m/s）	动态扬尘排放量/（kg/d）
2016年5月1日	0.8	5.5	2	8	1	122 164	0.45	6	16	5 367.89
2016年5月2日	0.8	8.0	2	8	1	122 164	0.45	6	16	9 472.976
2016年5月3日	0.8	5.5	2	8	1	122 164	0.45	6	16	5 367.89
2016年5月4日	0.8	5.5	2	8	1	122 164	0.45	6	16	5 367.89
2016年5月5日	0.8	8.0	2	8	1	122 164	0.45	6	16	9 472.976
2016年5月6日	0.8	8.0	2	8	1	122 164	0.45	6	16	9 472.976
2016年5月7日	0.8	0	2	8	1	122 164	0.45	6	16	1 429.352
2016年5月8日	0.8	5.5	2	8	1	122 164	0.45	6	16	5 367.89
2016年5月9日	0.8	5.5	2	8	1	122 164	0.45	6	16	5 367.89
2016年5月10日	0.8	0	2	8	1	122 164	0.45	6	16	1 429.352
2016年5月11日	0.8	8.0	2	8	1	122 164	0.45	6	16	9 472.976
2016年5月12日	0.8	10.5	2	8	1	122 164	0.45	6	16	16 037.96
2016年5月13日	0.8	5.5	2	8	1	122 164	0.45	6	16	5 367.89
2016年5月14日	0.8	0	2	8	1	122 164	0.45	6	16	1 429.352
2016年5月15日	0.8	8.0	2	8	1	122 164	0.45	6	16	9 472.976
2016年5月16日	0.8	5.5	2	8	1	122 164	0.45	6	16	5 367.89
2016年5月17日	0.8	5.5	2	8	1	122 164	0.45	6	16	5 367.89
2016年5月18日	0.8	5.5	2	8	1	122 164	0.45	6	16	5 367.89
2016年5月19日	0.8	0	2	8	1	122 164	0.45	6	16	1 429.352

日期	散货类型调节系数（α）	堆场内平均风速（U）/（m/s）	作业方式系数（β）	含水率（w）/%	作业高度（H）/m	作业量（Y）/（t/d）	水分作用系数（ω_2）	水分作用效果的临界值（w_0）/%	作业扬尘量达到最大扬尘量一半时的风速（v_2）/（m/s）	动态扬尘排放量/（kg/d）
2016 年 5 月 20 日	0.8	5.5	2	8	1	122 164	0.45	6	16	5 367.89
2016 年 5 月 21 日	0.8	5.5	2	8	1	122 164	0.45	6	16	5 367.89
2016 年 5 月 22 日	0.8	0	2	8	1	122 164	0.45	6	16	1 429.352
2016 年 5 月 23 日	0.8	0	2	8	1	122 164	0.45	6	16	1 429.352
2016 年 5 月 24 日	0.8	5.5	2	8	1	122 164	0.45	6	16	5 367.89
2016 年 5 月 25 日	0.8	5.5	2	8	1	122 164	0.45	6	16	5 367.89
2016 年 5 月 26 日	0.8	8.0	2	8	1	122 164	0.45	6	16	9 472.976
2016 年 5 月 27 日	0.8	5.5	2	8	1	122 164	0.45	6	16	5 367.89
2016 年 5 月 28 日	0.8	0	2	8	1	122 164	0.45	6	16	1 429.352
2016 年 5 月 29 日	0.8	5.5	2	8	1	122 164	0.45	6	16	5 367.89
2016 年 5 月 30 日	0.8	5.5	2	8	1	122 164	0.45	6	16	5 367.89
2016 年 5 月 31 日	0.8	8.0	2	8	1	122 164	0.45	6	16	9 472.976
2016 年 5 月动态扬尘排放量合计/kg					178.241					

b. 装卸作业动态扬尘量核算结果。采用上述方法核算后，2015—2017 年装卸作业动态扬尘量分别为 922.63 t、801.19 t 和 524.49 t。

c. 2015—2017 年颗粒物排放量。由以上可得 2015—2017 年天津港煤码头公司颗粒物排放量，详见表 9-16。2017 年的颗粒物排放量较 2015 年、2016 年同时期有较大幅度下降，推测与全面停止“汽运煤”有关。

表 9-16 天津港煤码头公司 2015—2017 年颗粒物排放量核算　　单位：t

<table>
<tr><th>年份</th><th>静态扬尘量</th><th colspan="2">动态扬尘量</th><th>总扬尘量</th></tr>
<tr><td rowspan="3">2015</td><td rowspan="3">17.91</td><td colspan="2">2 767.88</td><td rowspan="3">2 785.79</td></tr>
<tr><td>堆取料动态扬尘</td><td>装卸扬尘</td></tr>
<tr><td>1 845.25</td><td>922.63</td></tr>
<tr><td rowspan="3">2016</td><td rowspan="3">31.03</td><td colspan="2">2 403.56</td><td rowspan="3">2 434.59</td></tr>
<tr><td>堆取料动态扬尘</td><td>装卸扬尘</td></tr>
<tr><td>1 602.37</td><td>801.19</td></tr>
<tr><td rowspan="3">2017</td><td rowspan="3">44.05</td><td colspan="2">1 573.47</td><td rowspan="3">1 617.52</td></tr>
<tr><td>堆取料动态扬尘</td><td>装卸扬尘</td></tr>
<tr><td>1 048.98</td><td>524.49</td></tr>
</table>

9.2.1.3 2017 年 12 月一周颗粒物排放量核算

（1）颗粒物排放量核算

①静态扬尘量。利用 9.2.1.1 介绍的公式核算，得到 2017 年 12 月 2—8 日的摩擦风速均小于阈值摩擦风速，此时认为因环保措施、地面粗糙度等，风力不足以扰动料堆表面，根据《指南》，这种情况下的静态扬尘量可以忽略不计。

②重点污染区域动态扬尘量。经统计，2017 年 12 月 2—8 日，天津港煤码头公司完成卸车作业 53.14 万 t，装载作业 47.52 万 t，其中，系统化作业 23.45 万 t，门机作业 24.07 万 t。利用 9.2.1.2 介绍的公式进行分区域动态扬尘量核算（估算时，门机、皮带与翻车机作业β系数取 1，堆取料机作业β系数取 2）。

a. 门机作业区：门机作业区颗粒物主要来自装卸作业，2017 年 12 月 2—8 日，门机完成作业 24.07 万 t，动态扬尘量为 2.48 t。

b. 皮带装卸作业区：皮带装卸作业区颗粒物主要来自卸车作业和装载作业，2017 年 12 月 2—8 日，皮带完成作业 77.21 万 t，动态扬尘量为 7.95 t。

c. 堆场作业区：堆场作业区颗粒物主要来自物料堆取，2017 年 12 月 2—8 日，堆料机、取料机器完成作业 77.21 万 t，动态扬尘量为 15.90 t。

d. 翻车机作业区：翻车机作业区颗粒物主要来自卸车作业，2017 年 12 月 2—8 日，卸车作业完成 53.14 万 t，动态扬尘量为 5.47 t。

（2）地面浓度反推法

地面浓度反推法以高斯扩散模型为理论基础，其公式如下所示：

$$Q_{\mathrm{c}} = 11.3C(x,y,0)\mu_{10}\sigma_z\left(\sigma_y^2+\sigma_{y0}^2\right)^{0.5}\exp\left(\frac{\bar{H}^2}{2\sigma_z^2}\right)\times 10^{-3} \tag{9-6}$$

$$\sigma_y = \gamma_1 X^{\alpha_1} \tag{9-7}$$

$$\sigma_z = \gamma_2 X^{\alpha_2} \tag{9-8}$$

式中，Q_{c} —— 无组织排放源强，kg/h；

$C(x, y, 0)$ —— 无组织排放源强的地面质量浓度，mg/m^3；

μ_{10} —— 距离地面 10 m 处的 10 min 平均风速，m/s；

σ_z、σ_y、σ_{y0} —— 垂直、水平横向以及初始扩散参数，m；

$\bar{H}$ —— 无组织排放源的平均排放高度，m；

γ_1、γ_2 —— 横向、垂直扩散参数回归系数；

α_1、α_2 —— 横向、垂直扩散参数回归指数；

X —— 自接收点至面源中心点的距离，m。

①大气稳定度等级确定。结合场内监测云量情况和场内风速监测情况，天津港煤码头公司在 2017 年 12 月 2—8 日的太阳高度角大于 65°，根据我国《制定地方大气污染物排放标准的技术方法》（GB/T 3840—1991），采用修订的 Pasquill 法（P·S 法）判断天津港煤码头公司该时段的大气稳定度等级（表 9-17），据此，计算垂直、水平横向扩散参数σ_z和σ_y。

表 9-17　现场采样气象情况

采样日期	风向	风速/（m/s）	气温/℃	气压/kPa	天气	大气稳定度等级
2017 年 12 月 2 日	东北	0.9～1.2	1.9	102.6	晴	A
2017 年 12 月 3 日	西北	1～2	1	102.1	多云转晴	A
2017 年 12 月 4 日	西北	2～4	−1	102.0	晴	B
2017 年 12 月 5 日	北风	0.5～1	3.1	102.1	晴	A
2017 年 12 月 6 日	北风	0～1.5	2.4	102.3	晴	A
2017 年 12 月 7 日	西北	0.5～1	5.2	101.7	晴	A
2017 年 12 月 8 日	西北	1.5～5	−0.1	103.2	多云	C

注：工业区大气稳定度等级 A、B 级不提级，C 级提到 B 级，D、E、F 级向不稳定方向提一级（GB/T 3840—1991）。

表 9-18　监测时段扩散参数σ_z和σ_y取值

日期	采样距离/m	采样时间/h	u_{10}	大气稳定度等级	大气稳定度等级（调整后）	α_2	γ_2	σ_z	α_1	γ_1	σ_y	σ_y'	q
2017 年 12 月 2 日	350	20	1.05	A	A	1.513 6	0.008 547 71	103.994 597 4	0.901 074	0.425 809	115.129 477 6	348.180 569 8	0.3
2017 年 12 月 3 日	350	20	1.5	A	A	1.513 6	0.008 547 71	103.994 597 4	0.901 074	0.425 809	115.129 477 6	348.180 569 8	0.3
2017 年 12 月 4 日	350	20	3	B	B	0.961 435	0.127 190	50.042 292 08	0.914 370	0.281 846	82.769 261 16	250.315 115 6	0.3
2017 年 12 月 5 日	350	20	0.75	A	A	1.513 6	0.008 547 71	103.994 597 4	0.901 074	0.425 809	115.129 477 6	348.180 569 8	0.3
2017 年 12 月 6 日	350	20	0.75	A	A	1.513 6	0.008 547 71	103.994 597 4	0.901 074	0.425 809	115.129 477 6	348.180 569 8	0.3
2017 年 12 月 7 日	350	20	0.75	A	A	1.513 6	0.008 547 71	103.994 597 4	0.901 074	0.425 809	115.129 477 6	348.180 569 8	0.3
2017 年 12 月 8 日	350	20	3.25	C	B	0.961 435	0.127 190	50.042 292 08	0.914 370	0.281 846	82.769 261 16	250.315 115 6	0.3

②扩散参数σ_z和σ_y的确定。根据 GB/T 3840—1991，采样时间小于 30 min 时，横向及垂直扩散系数分别见附表 1 和附表 2。本次测试的采样时间大于 30 min，根据标准，垂直扩散系数不变，横向扩散参数按下式计算：

$$\sigma_y' = \sigma_y \left(\frac{\tau_2}{\tau_1} \right)^q \tag{9-9}$$

式中，σ_y'、σ_y——取样时间为τ_1和τ_2时的横向扩散系数；

q——时间稀释系数。

在计算≥0.5 h 的σ_y'时，应先根据 0.5 h 取样时间值计算时间为 0.5 h 的σ_y，再计算σ_y'。取样时间为 20 h≥1 h（小时值取样时间为 1 h），所以本次核算的时间稀释系数 q 取值 0.3；本次取样时间为 24 h，采样点距离下风处 400～500 m，核算时按 500 m，计算结果见表 9-18。

③排放源强的确定。根据实测数据，利用高斯扩散模型计算排放源强，计算结果见表 9-19。天津港煤码头公司冬季一周（2017 年 12 月 2—8 日）的排放源强分别为翻车机作业区 7.99 t，皮带作业区 18.75 t，门机作业区 9.88 t。

表 9-19　天津港煤码头公司冬季一周区域排放源强结果　　单位：t

日期	翻车机作业区	皮带作业区	门机作业区
	A 区	B+C 区	D 区
2017 年 12 月 2 日	1.768 362 6	1.914 508 2	2.234 301 6
		2.367 559 8	
2017 年 12 月 3 日	1.628 480 3	1.711 992 1	1.775 603 9
		1.190 043 3	
2017 年 12 月 4 日	1.375 027 3	1.445 541 5	1.535 192
		1.004 827 6	
2017 年 12 月 5 日	0.814 2 401	0.636 777 5	0.908 940 1
		0.709 850 4	
2017 年 12 月 6 日	0.782 923 2	0.960 385 8	0.813 818 4
		0.929 068 9	
2017 年 12 月 7 日	0.574 143 7	1.336 189	0.908 940 1
		0.741 167 3	
2017 年 12 月 8 日	1.050 368 1	2.444 492 9	1.702 722 9
		1.355 929 7	
合计	7.99	18.75	9.88

④不确定性分析。利用高斯扩散模型，结合天津港煤码头冬季一周（2017 年 12 月

2—8 日）的实测数据，分析码头作业过程中的粉尘无组织排放状况。计算过程中大气稳定度等级的划分以及扩散参数（σ_z 和 σ_y）的确定可参照《制定地方大气污染物排放标准的技术方法》（GB/T 3840—1991）中的推荐值。

总云量、污染源横向长度等参数，是根据现场调研、观测结果得出的，依赖于实验人员的主观评价；实测中没有进行平行试验，缺少平行性分析；TSP 等粉尘颗粒的扩散性质与烟气污染物有一定差异，沉降系数更高，核算中使用高斯扩散模型计算，以上因素都会产生一定误差，影响最后的核算结果。

9.2.2　颗粒物排放压力分析

9.2.2.1　交通运输部《规范》中的方法

按 2015—2017 年的核算方法，对 2018 年、2019 年两年的天津港煤码头公司颗粒物排放情况进行分析。2018 年、2019 年的堆场占地面积与 2017 年相同，为 26 万 m^2；年吞吐量估算范围为 2 000 万～3 000 万 t；料堆受风蚀作用扰动次数为 43 次/a，扰动风力为 4 级；计算动态扬尘量时，假设风力平均为 3 级风（出现频次最高），估算 2018—2019 年的煤码头颗粒物排放年总扬尘量，详见表 9-20。

表 9-20　2018 年、2019 年《规范》法扬尘排放量分析

<table>
<tr><th>年吞吐量/万 t</th><th>年静态扬尘量/t</th><th colspan="2">年动态扬尘量/t</th><th>年总扬尘量/t</th></tr>
<tr><td rowspan="3">2 000</td><td rowspan="3">20.67</td><td colspan="2">1 318.20</td><td rowspan="3">1 338.87</td></tr>
<tr><td>堆场堆取动态扬尘</td><td>码头装卸扬尘</td></tr>
<tr><td>878.80</td><td>439.40</td></tr>
<tr><td rowspan="3">2 100</td><td rowspan="3">20.67</td><td colspan="2">1 384.11</td><td rowspan="3">1 404.78</td></tr>
<tr><td>堆场堆取动态扬尘</td><td>码头装卸扬尘</td></tr>
<tr><td>922.74</td><td>461.37</td></tr>
<tr><td rowspan="3">2 200</td><td rowspan="3">20.67</td><td colspan="2">1 450.02</td><td rowspan="3">1 470.69</td></tr>
<tr><td>堆场堆取动态扬尘</td><td>码头装卸扬尘</td></tr>
<tr><td>966.68</td><td>483.34</td></tr>
<tr><td rowspan="3">2 300</td><td rowspan="3">20.67</td><td colspan="2">1 515.93</td><td rowspan="3">1 536.60</td></tr>
<tr><td>堆场堆取动态扬尘</td><td>码头装卸扬尘</td></tr>
<tr><td>1 010.62</td><td>505.31</td></tr>
<tr><td rowspan="3">2 400</td><td rowspan="3">20.67</td><td colspan="2">1 581.84</td><td rowspan="3">1 602.51</td></tr>
<tr><td>堆场堆取动态扬尘</td><td>码头装卸扬尘</td></tr>
<tr><td>1 054.56</td><td>527.28</td></tr>
<tr><td rowspan="3">2 500</td><td rowspan="3">20.67</td><td colspan="2">1 647.75</td><td rowspan="3">1 668.42</td></tr>
<tr><td>堆场堆取动态扬尘</td><td>码头装卸扬尘</td></tr>
<tr><td>1 098.50</td><td>549.25</td></tr>
</table>

<table>
<tr><th>年吞吐量/万 t</th><th>年静态扬尘量/t</th><th colspan="2">年动态扬尘量/t</th><th>年总扬尘量/t</th></tr>
<tr><td rowspan="3">2 600</td><td rowspan="3">20.67</td><td colspan="2">1 713.66</td><td rowspan="3">1 734.33</td></tr>
<tr><td>堆场堆取动态扬尘</td><td>码头装卸扬尘</td></tr>
<tr><td>1 142.44</td><td>571.22</td></tr>
<tr><td rowspan="3">2 700</td><td rowspan="3">20.67</td><td colspan="2">1 779.57</td><td rowspan="3">1 800.24</td></tr>
<tr><td>堆场堆取动态扬尘</td><td>码头装卸扬尘</td></tr>
<tr><td>1 186.38</td><td>593.19</td></tr>
<tr><td rowspan="3">2 800</td><td rowspan="3">20.67</td><td colspan="2">1 845.48</td><td rowspan="3">1 866.15</td></tr>
<tr><td>堆场堆取动态扬尘</td><td>码头装卸扬尘</td></tr>
<tr><td>1 230.32</td><td>615.16</td></tr>
<tr><td rowspan="3">2 900</td><td rowspan="3">20.67</td><td colspan="2">1 911.39</td><td rowspan="3">1 932.06</td></tr>
<tr><td>堆场堆取动态扬尘</td><td>码头装卸扬尘</td></tr>
<tr><td>1 274.26</td><td>637.13</td></tr>
<tr><td rowspan="3">3 000</td><td rowspan="3">20.67</td><td colspan="2">1 977.30</td><td rowspan="3">1 997.97</td></tr>
<tr><td>堆场堆取动态扬尘</td><td>码头装卸扬尘</td></tr>
<tr><td>1 318.20</td><td>659.10</td></tr>
</table>

9.2.2.2 地面浓度反推法

2018 年、2019 年的堆场占地面积与 2017 年相同，为 26 万 m^2；年吞吐量估算范围为 2 000 万～3 000 万 t；料堆受风蚀作用扰动次数为 43 次/a，扰动风力为 4 级，静态扬尘量结果均为 20.67 t。根据实测数据得到，天津港煤码头公司冬季一周（2017 年 12 月 2—8 日）的翻车机作业区、皮带作业区以及门机作业区的排放源强。结合一周吞吐量，得到 3 个排放源强的排放系数，据此估算 2018 年、2019 年的排放源强情况，详见表 9-21。

表 9-21　2018—2019 年扬尘排放量分析

排放系数/（kg/t）		翻车机区 1.60×10^{-5}	皮带区 5.64×10^{-5}	门机区 5.94×10^{-5}	动态扬尘量/t	静态扬尘量/t	总扬尘量/t
年吞吐量/万 t	2 000	320.62	751.99	396.27	1 468.88	20.67	1 489.55
	2 100	336.65	789.59	416.08	1 542.32	20.67	1 562.99
	2 200	352.68	827.19	435.89	1 615.77	20.67	1 636.43
	2 300	368.71	864.79	455.71	1 689.21	20.67	1 709.88
	2 400	384.74	902.39	475.52	1 762.66	20.67	1 783.33
	2 500	400.78	939.99	495.33	1 836.10	20.67	1 856.77
	2 600	416.81	977.59	515.15	1 909.55	20.67	1 930.22
	2 700	432.84	1 015.19	534.96	1 982.99	20.67	2 003.66
	2 800	448.87	1 052.79	554.77	2 056.43	20.67	2 077.10
	2 900	464.90	1 090.39	574.59	2 129.88	20.67	2 150.55
	3 000	480.93	1 127.99	594.40	2 203.32	20.67	2 223.99

9.3 天津港煤码头公司颗粒物排放管控对策研究

9.3.1 政策执行

一是加强作业人员与环保人员培训。经前述政策分析，天津港煤码头公司出台了《苫揭垛作业流程》《关于集港车辆车质车况提升方案》《喷淋、洒水作业及覆盖剂使用管理标准》等技术规范，《重污染天气应急预案》《煤尘污染应急预案》等应急预案，天津港煤码头公司应强化清洁生产布置，根据作业情况及时采取有效的抑尘措施；注重作业人员和环保人员的素质培养，定期开展清洁生产业务知识培训，定期聘请上级主管部门对最新环保法律法规、政策进行讲解。

二是科学论证资源利用效率。针对扬尘防治措施的实际运行特点，天津港煤码头公司应加大技改技革力度。例如，实现防风网开孔率的最优配置；强化堆场苫盖管理；开展喷淋配置科学论证，在作业空档时，对货垛采取有效的喷淋措施；推动堆场喷淋改造、冲车台改造、大机分级喷淋等环保设备设施项目的实施，提升天津港煤码头公司环保抑尘能力。

三是加大监督监管力度。天津港煤码头公司应加大对环保等责任部门执行苫盖覆盖、喷淋降尘、车辆管控、道路清洗等抑尘措施的监管力度，严格执行现有的《环保工作责任制》《环保考核办法》等监管文件，确保生产作业符合环保技术规范。

9.3.2 工艺改进

建设自动化、智能化喷淋系统，优化喷淋配置。天津港煤码头公司应建设自动化、智能化喷淋系统，根据生产要求和物料特性，结合风速、大气颗粒物含量等数据及时调整喷淋频次和喷水量，建立完善的数据记录体系，记录气象数据、物料特性以及喷淋频次、喷水量、喷射压力等技术参数，及时总结经验规律，开展科学论证，合理优化喷淋量和喷淋频次，提高水资源的利用率。

9.3.3 清洁生产

为减少颗粒物排放量，天津港煤码头公司已经开展的清洁生产工作主要包括强化堆场苫盖管理，运输车辆必须采取全密闭运输；实现火运煤炭颗粒物污染的源头控制；组建公司昼夜环保巡查队伍，确保环保措施落实到位；强化全天 24 h 道路运输的清扫和保洁管理；加强包括防风网等环保基础设备在内的建设和日常保洁，制定装卸线环保降尘方案；完善清洁生产综合管理体系。

在以上工作的基础上，为进一步管控煤码头颗粒物排放，天津港煤码头公司清洁生产建设的中期任务和远期任务主要包括开展集装箱煤炭运输模式市场调研，增加清洁运输的方式；道路整体改造，新建冲车台；针对设备的实际运行特点，加大技术改革力度，消除污染风险源；在 2018 年以后，开展清洁生产业务外包项目研究，提升清洁生产能力等。

9.3.4 设备改造

深入论证封闭堆场储运形式在天津港煤码头公司的适用性。通过提高封闭式储存工艺比例，进一步减少生产作业过程中颗粒物排放量。增建翻车机作业线，全面实现“火运煤”。“火运煤”卸载过程全封闭，避免使用扬尘量大的抓斗机作业，有助于进一步降低作业中的粉尘排放量；逐步提高自动化、机械化作业比例，引入“单向堆料机”“轨道移动式悬臂斗轮”等堆取料系统，实现高效安全的“无人化”作业。

第 10 章　研究结论与政策建议

10.1　研究结论

①本书对国内外的颗粒物排放量核算方法进行了梳理总结，重点分析了经验公式法、实测法和排污系数法。经过研究比较发现，经验公式法使用具有一定的地域局限性；实测法在构建的过程中较依赖参数的取值，且核算过程较为烦琐；排污系数法操作简单方便，但取值时要注意贴近实际情况。

②环境保护税征收要求企业自报污染物排放量，煤炭堆存、装卸过程属于无组织排放，目前尚无相关技术规范明确可以通过监测数据计算无组织排放源的排放量。本书基于实测法核算得到的粉尘排放量结果，得出排污系数，以便企业进行排放量核算。在核算过程中，结合天津市的气候特征，考虑到季节对于排放量的影响，对于源强反推核算中参数的取值方法仍需进一步完善、推敲。

10.2　政策建议

生态环境部、财政部、税务总局《关于发布计算环境保护税应税污染物排放量的排污系数和物料衡算方法的公告》（生态环境部、财政部、税务总局公告 2021 年第 16 号），明确了煤炭开采和洗选业等行业所适用的工业行业产排污系数手册，尚未涵盖煤炭堆存、装卸行业。全国各地煤炭堆存、装卸应税污染物核算办法不一。广州港、秦皇岛港、黄骅港、宁波港确定排污系数为 4.97 kg/装卸吨煤，由企业自主申报；大连港参照钢铁行业排污系数测算；天津市率先出台煤炭堆存、装卸过程颗粒物排放量抽样测算方法，并发布污染物排放核算工具。

建议煤炭堆存、装卸应税污染物核算采用静态扬尘量与动态扬尘量相结合的测算方法，推荐使用核算工具。煤炭堆存、装卸过程中大气应税污染物包括煤炭堆存静态风蚀扬尘和动态堆取、装卸作业扬尘；静态风蚀扬尘量计算方法参照环境保护部 2015 年出台的《扬尘源颗粒物排放清单编制技术指南（试行）》执行。动态堆取、装卸作业扬尘量计算方法符合实测法标准的采用本研究开发的计算工具，按照监测数据计算。数据参数说明：纳税人安装使用符合国家和天津市规定和监测规范的污染物自动监测设备的，优先采用实测法，根据污染物自动监测数据进行计算；未安装使用污染物自动监测设备的，采用实测法，按照监测机构出具的符合国家和天津市有关规定和监测规范的监测数据进行计算；对于未安装使用污染物自动监测设备的，采用基于抽样测算的排污系数方法。

建议完善应税污染物排放量测算办法，进一步健全环境保护税制度体系，加强企业监督，完善自行监测信息公开制度。一是建立健全环境保护税制度体系，完善应税污染物排放量测算办法。为科学合理地指导企业核算煤炭堆存、装卸过程应税污染物排放量，申报环境保护税，政府部门应尽快建立健全相关法律体系。同时，应结合地方发展需求和地方作业特点，出台适合地方的应税污染物排放量测算办法，在保护企业发展利益的同时做好环境保护税申报工作。二是加强跨部门协作，做好环境税征管机制保障。在环境保护税制度下，其核定和征缴责任分属于生态环境部门和税务机关，专业性强、征管难度大，要合理界定生态环境部门污染监测职责和税务部门征管职责，通过密切协作形成合力，打通部门壁垒，为征管新税种做好机制保障。三是完善自行监测信息及公开制度，加强企业监管。督促国控企业按照要求自行监测、信息公开，规范执行监测方案，及时公布监测数据。同时，监管部门要进一步加强对于辖区内企业自行监测及信息公开的监管，切实履行监管职责，完善企业自行监测数据发布平台，定期开展自查，保障排放数据的真实性，对于执行方案不到位、公布数据不及时的企业，要求其限期整改；对于拒不公布数据、监测数据超标、信息弄虚作假的企业，依法对其追责处理。

第 11 章　研究的不确定性

11.1　煤码头静态扬尘量

计算煤码头静态扬尘量时，主要考虑堆场堆存因风蚀作用引起的扬尘量，将堆场静态扬尘量作为整个煤码头的静态扬尘量；计算时采用的是环境保护部出台的《扬尘源颗粒物排放清单编制技术指南（试行）》中推荐的公式，《指南》中推荐的公式优势在于其结果体现了风蚀扬尘的内在规律以及与风场的关系，较接近实际情况；核算结果与之前的核算结果有偏离，可能是使用的计算公式不同，公式中相关参数的取值方法和适用条件不一致导致的，如《指南》中考虑了环保措施的影响，而忽略了煤炭物料的种类差异等。

11.2　煤码头动态扬尘量

计算煤码头动态扬尘量时，主要考虑码头和后方堆场作业区两方面，分别利用交通运输部《港口建设项目环境影响评价规范》推荐的公式进行计算，计算时因公式中风速的取值与小时源强和总排放量的参数取值还存在一定的不确定性，导致结果存在误差。

11.3　颗粒物排放量估算

在缺乏实测数据的前提下，核算 2015 年 1 月—2016 年 4 月的颗粒物排放量时，计算静态扬尘量时假设同时期受风力扰动次数相同，且扰动风力为 4 级，与实际情况可能存在较大误差，但静态扬尘量占总扬尘量比例很小，故不会对总扬尘量造成过大误差；计算动态扬尘量时，假设风力平均为 3 级风（出现频次量高），并且日吞吐量相等，为年吞吐量的 1/365，这些因素会导致估算结果与实际结果出现一定偏离。

附　表

附表 1　横向扩散参数幂函数表达式数据（GB/T 3840—1991）

扩散参数	稳定度等级（P·S）	α_1	γ_1	下风距离/m
$\sigma_y = \gamma_1 X^{\alpha_1}$	A	0.901 074	0.425 809	0～1 000
		0.850 934	0.602 052	>1 000
	B	0.914 370	0.281 846	0～1 000
		0.865 014	0.396 353	>1 000
	B～C	0.919 325	0.229 500	0～1 000
		0.875 086	0.314 238	>1 000
	C	0.924 279	0.177 154	0～1 000
		0.885 157	0.232 123	>1 000
	C～D	0.926 849	0.143 940	0～1 000
		0.886 940	0.189 396	>1 000
	D	0.929 481	0.110 726	0～1 000
		0.888 723	0.146 669	>1 000
	D～E	0.925 118	0.098 563 1	0～1 000
		0.892 794	0.124 308	>1 000
	E	0.920 818	0.086 400 1	0～1 000
		0.896 864	0.124 308	>1 000
	F	0.929 481	0.055 363 4	0～1 000
		0.888 723	0.073 348	>1 000

注：取样时间为 0.5 h。

附表 2　垂直扩散参数幂函数表达式数据（GB/T 3840—1991）

扩散参数	稳定度等级（P·S）	α_2	γ_2	下风距离/m
$\sigma_z = \gamma_2 X^{\alpha_2}$	A	1.121 54	0.079 990 4	0～300
		1.513 60	0.008 547 71	300～500
		2.108 81	0.000 211 545	＞500
	B	0.961 435	0.127 190	0～500
		1.093 56	0.057 025 1	＞500
	B～C	0.941 015	0.114 682	0～500
		1.007 70	0.075 718 2	＞500
	C	0.917 595	0.106 803	0
	C～D	0.838 628	0.126 152	0～2 000
		0.756 410	0.235 667	2 000～10 000
		0.815 575	0.136 659	＞10 000
	D	0.826 212	0.104 634	1～1 000
		0.632 023	0.400 167	1 000～10 000
		0.555 360	0.810 763	＞10 000
	D～E	0.776 864	0.104 634	0～2 000
		0.572 347	0.400 167	2 000～10 000
		0.499 149	1.038 10	＞10 000
	E	0.788 370	0.092 752 9	0～1 000
		0.565 188	0.433 384	1 000～10 000
		0.414 743	1.732 41	＞10 000
	F	0.784 40	0.062 076 5	0～1 000
		0.525 969	0.370 015	1 000～10 000
		0.322 659	2.406 91	＞10 000

注：取样时间为 0.5 h。

附表 3　太阳辐射等级和大气稳定度等级

总云量/低云量	夜间	太阳高度角（h_0）			
		$h_0 \leqslant 15°$	$15° < h_0 \leqslant 35°$	$35° < h_0 \leqslant 65°$	$h_0 > 65°$
总云量≤4 低云量≤4	−2	−1	+1	+2	+3
总云量 5～7 低云量≤4	−1	0	+1	+2	+3
总云量≥8 低云量≤4	−1	0	0	+1	+1
总云量 5～7 低云量 5～7	0	0	0	0	+1
总云量≥8 低云量≥8	0	0	0	0	0

地面风速/（m/s）	太阳辐射等级					
	+3	+2	+1	0	−1	−2
≤1.9	A	A～B	B	D	E	F
2～2.9	A～B	B	C	D	E	F
3～4.9	B	B～C	C	D	D	E
5～5.9	C	C～D	D	D	D	D
≥6	D	D	D	D	D	D

注：云量（全天空 10 分制）观测规则见中国气象局编制的《地面气象观测规范》第 3.3 节；地面风速（m/s）是指离地面 10 m 高度处的 10 min 平均风速，如使用气象台（站）资料，其观测规则与中国气象局编制的《地面气象观测规范》第 8 章相同。

附表 4 颗粒物核算所需参数取值情况

参数	意义	取值
A1 静态扬尘量	《指南》	
E_{w}	堆场风蚀扬尘的排放系数/（kg/m^2）	$E_{\mathrm{w}}=k_i\times\sum_{i=1}^{n}P_i\times(1-\eta)\times10^{-3}$ 计算所得
P_i	第 i 次扰动中观测的最大风速的风蚀潜势/（g/m^2）	$P_i=\begin{cases}58\times(u^*-u_{\mathrm{t}}^*)^2+25\times(u^*-u_{\mathrm{t}}^*) & (u^*-u_{\mathrm{t}}^*)>0\\0 & (u^*-u_{\mathrm{t}}^*)\leqslant0\end{cases}$ 计算所得
u^*	摩擦风速/（m/s）	$u^*=\dfrac{0.4u(z)}{\ln\dfrac{z}{z_0}}\quad(z>z_0)$ 计算所得
n	料堆每年受扰动的次数	根据实际情况取值
k_i	物料的粒度乘数	根据《指南》，风蚀过程中产生的颗粒物 TSP 的粒度乘数为 1.0
η	污染控制技术对扬尘的去除效率/%	根据《指南》，堆场采取定期洒水的扬尘控制措施，TSP 的控制效率为 61%
u_{t}^*	阈值摩擦风速，即扬尘的临界摩擦风速/（m/s）	根据《指南》给出的参考值，取煤堆的阈值摩擦风速为 1.02 m/s
$u(z)$	地面风速/（m/s）	自测风速（由于该风速采用风力表示，本次采用风力范围的上限风速进行计算）
z	地面风速检测高度/m	10 m
z_0	地面粗糙度/m	根据《指南》，煤码头按城市取值 0.6
0.4	冯卡门常数，量纲一	—
B1 动态扬尘量	《指南》	
W_{YD}	作业扬尘量/kg	$W_{\mathrm{YD}}=\sum_{i=1}^{m}E_{\mathrm{h}}\times G_{\mathrm{Y}_i}\times10^{-3}$ 计算所得
G_{Y_i}	第 i 次装卸过程的物料装卸量/t	根据实际情况取值
E_{h}	堆场装卸扬尘的排放系数/（kg/t）	$E_{\mathrm{h}}=k_i\times0.0016\times\dfrac{\left(\dfrac{u}{2.2}\right)^{1.3}}{\left(\dfrac{M}{2}\right)^{1.4}}\times(1-\eta)$ 计算所得
k_i	物料的粒度乘数	根据《指南》，取值 0.74

参数	意义	取值
u	地面平均风速/（m/s）	自测风速（由于该风速采用风力表示，本次采用风力范围的上限风速进行计算）
M	物料含水率/%	天津港煤码头公司共配备 14 台固定式雾炮、6 台移动式雾炮、洒水车、堆取料机随动喷淋设备等，保证作业及堆存时煤炭含水率不低于 8%，本次按 8%进行计算
η	污染控制技术对扬尘的去除效率	煤码头采取输送点位连续洒水操作，取值 0.74
B2 动态扬尘量		《规范》
Q	作业扬尘量/kg	$Q=\dfrac{\alpha\beta H\mathrm{e}^{\omega_2(w_0-w)}Y}{1+\mathrm{e}^{0.25(v_2-U)}}$ 计算所得
Y	作业量/t	根据实际取值
α	散货类型调节系数	根据《规范》给出的参考值，煤炭按照原煤系数 0.8 计算
ω_2	水分作用系数	与散货性质有关，根据《规范》，散货取值 0.45
H	作业高度/m	一般为 1 m，本次按 1 m 计算
β	作业方式系数	根据《规范》，装堆（船）时，β=1，取料时，β=2
w_0	水分作用效果的临界值/%	即含水率高于此值时水分作用效果增加不明显，根据《规范》参考值，煤炭的 w_0 值为 6%
w	含水率/%	天津港煤码头公司配备 14 台固定式雾炮、6 台移动式雾炮、洒水车、堆取料机随动喷淋设备等，保证作业及堆存时煤炭含水率不低于 8%，本次按 8%进行计算
v_2	作业扬尘量达到最大扬尘量一半时的风速/（m/s）	与粒径分布和颗粒物密度有关，根据《规范》参考值，一般散货取值 16 m/s
U	堆场内平均风速/（m/s）	自测风速（由于该风速采用风力表示，本次采用风力范围的上限风速进行计算）
B3 动态扬尘量		大气污染扩散模型
Q_{c}	无组织排放源强/（kg/h）	$Q_{\mathrm{c}}=11.3C(x,y,0)\mu_{10}\sigma_z\left(\sigma_y^2+\sigma_{y0}^2\right)^{0.5}\exp\left(\dfrac{\bar{H}^2}{2\sigma_z^2}\right)\times10^{-3}$ 计算所得
C（x，y，0）	无组织排放源强的地面质量浓度/（mg/m³）	自测数据
μ_{10}	为距离地面 10 m 处的 10 min 平均风速/（m/s）	自测风速

参数	意义	取值
σ_z	垂直扩散参数/m	$\sigma_z = \gamma_2 X^{\alpha_2}$ 计算所得
σ_y	横向扩散参数/m	$\sigma_y = \gamma_1 X^{\alpha_1}$ 计算所得（根据采样时长决定是否需要校正）
σ_{y0}	初始扩散参数/m	根据实际作业情况确定
$\bar{H}$	无组织排放源的平均排放高度/m	根据实际作业情况确定，本次计算中门机区取 10 m，翻车机区和皮带区取 3 m
X	为自接收点至面源中心点的距离/m	350 m
α_y	为面源在 Y 方向的长度	根据实际作业情况确定
α_1	横向扩散参数回归指数	根据《制定地方大气污染物排放标准的技术方法》（GB/T 3840—1991）（以下简称《方法》）给出的参考值，结合实测气象数据取值
α_2	垂直扩散参数回归指数	根据《方法》给出的参考值，结合实测气象数据取值
γ_1	横向扩散参数回归系数	根据《方法》给出的参考值，结合实测气象数据取值
γ_2	垂直扩散参数回归系数	根据《方法》给出的参考值，结合实测气象数据取值

附　件

附件 1　检测报告

HJZ-4-B-001

检　测　报　告

检测报告编号：TC-HB-2017-0194

委托单位： 环境保护部环境规划院

项目名称： 环境空气中 TSP 和 PM_{10} 检测

检测类别： 委托检测

报告日期： 2017 年 12 月 14 日

中冶建筑研究总院有限公司环境检测中心

中冶建筑研究总院有限公司环境检测中心　　　HJZ-4-B-001

检 测 报 告

检测报告编号：**TC-HB-2017-0194**　　　　共 20 页，第 1 页

委托单位	环境保护部环境规划院	检测类别	委托检测
样品类别	环境空气	委托编号	TC-HB-2017-Q0119
检测地点	天津码头煤炭装备运输设备	采样日期	2017 年 12 月 02~09 日
委托日期	2017 年 12 月 01 日	检测日期	2017 年 12 月 03~10 日
使用仪器设备及编号	2050 型空气/TSP 综合采样器（SB-123、 SB-124、 SB-125、SB-126、SB-170)； 2071 型空气智能 24hTSP 综合采样器（SB-169）；崂应 2050 空气/智能 TSP 综合采样器（SB-145、 SB-146）；分析天平（SB-160）、恒温恒湿箱（SB-150）		
检测项目	检测方法标准		
总悬浮颗粒物	GB/T 15432—1995《环境空气　总悬浮颗粒物的测定　重量法》		
PM_{10}	HJ 618—2011《环境空气　PM_{10} 和 $PM_{2.5}$ 的测定　重量法》		
检测结果	见后页		

备注：1．表 1 为现场采样气象情况。

2．图 1 为监测位置示意图，▲为监测点。

（以下空白）

批准：［签名］　　　审核：［签名］　　　编制：［签名］

检测单位（章）

报告编号：T18092806～23KQ　　　　第 1 页，共 2 页

项目名称	天津港中煤华能煤码头有限公司环境空气 TSP 现状监测项目		
检测项目	TSP（日均值）		
检测依据	《环境空气　总悬浮颗粒物的测定　重量法》（GB/T 15432—1995）		
检测日期	2018.10.08—2018.10.09		
主要测试设备	分析天平等		
监测点位	检测结果/（mg/m^3）		
	2018.09.28	2018.09.29	2018.09.30
A_1	0.120	0.102	0.147
A_2	0.149	0.136	0.154
A_3	0.123	0.121	0.150
A_4	0.156	0.173	0.167
B_1	0.159	0.192	0.211
B_2	0.165	0.229	0.234
B_3	0.171	0.206	0.230
B_4	0.229	0.257	0.246
C_2	0.175	0.203	0.224
C_3	0.168	0.212	0.267
C_4	0.263	0.253	0.221
D_1	0.169	0.138	0.187
D_2	0.223	0.188	0.203
D_3	0.235	0.169	0.201
D_4	0.288	0.163	0.214
E_2	0.195	0.262	0.217
E_3	0.198	0.216	0.244
E_4	0.186	0.221	0.200

报告编号：T18092806～23KQ　　　　第 2 页，共 2 页

附表一：监测点气象参数

监测日期	气压/kPa	气温/℃	总云	低云
2018.09.28	101.3	23.5	3	2
2018.09.29	101.7	24.3	3	1
2018.09.30	101.0	23.7	4	2

附表二：监测项目、分析方法、依据及最低检出浓度

监测项目	分析方法	方法来源	最低检出浓度/（mg/m^3）
TSP	重量法	GB/T 15432—1995	日均：0.001

附图一：监测点位示意

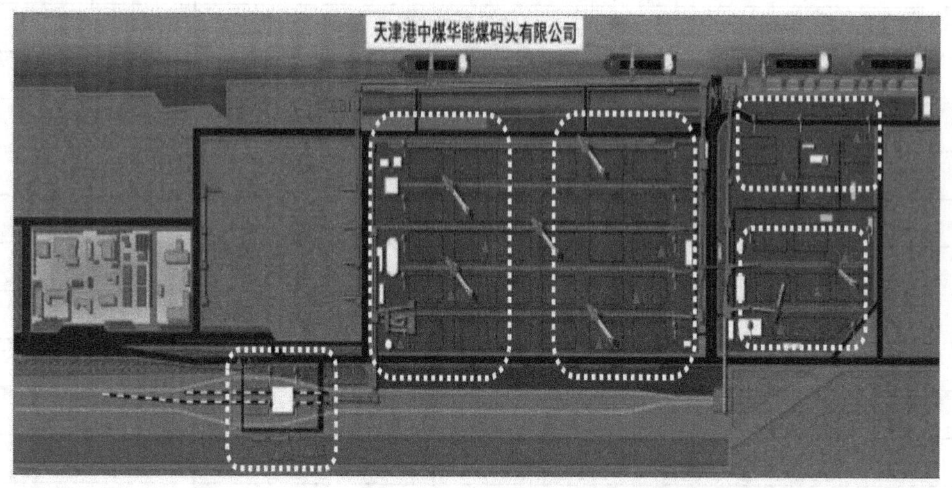

编制：　　　　审核：　　　　批准：

中冶建筑研究总院有限公司环境检测中心 HJZ-4-B-001

检测报告

检测报告编号：TC-HB-2017-0194 共 20 页，第 2 页

采样位置（编号）	采样时间	检测项目	检测结果	检测方法标准
A_1	12.3	PM_{10}（mg/m^3）日均值	0.09	《环境空气 PM_{10} 和 $PM_{2.5}$ 的测定 重量法》（HJ 618—2011） 《环境空气 总悬浮颗粒物的测定 重量法》（GB/T 15432—1995）
		TSP（mg/m^3）日均值	0.25	
	12.4	PM_{10}（mg/m^3）日均值	0.04	
		TSP（mg/m^3）日均值	0.15	
	12.5	PM_{10}（mg/m^3）日均值	0.10	
		TSP（mg/m^3）日均值	0.21	
	12.6	PM_{10}（mg/m^3）日均值	0.13	
		TSP（mg/m^3）日均值	0.27	
	12.7	PM_{10}（mg/m^3）日均值	0.07	
		TSP（mg/m^3）日均值	0.16	
	12.8	PM_{10}（mg/m^3）日均值	0.07	
		TSP（mg/m^3）日均值	0.11	
	12.8（09:09—10:09）	TSP（mg/m^3）小时值	0.34	
	12.8（13:36—14:36）	TSP（mg/m^3）小时值	0.17	
	12.8（14:45—15:45）	TSP（mg/m^3）小时值	0.16	
	12.8（19:46—20:46）	TSP（mg/m^3）小时值	0.23	

中冶建筑研究总院有限公司环境检测中心 HJZ-4-B-001

检测报告

检测报告编号：TC-HB-2017-0194 　　共 20 页，第 3 页

<table>
<tr><th>采样位置（编号）</th><th>采样时间</th><th>检测项目</th><th>检测结果</th><th>检测方法标准</th></tr>
<tr><td rowspan="16">A_2</td><td rowspan="2">12.3</td><td>PM_{10}（mg/m^3）日均值</td><td>0.15</td><td rowspan="16">《环境空气　PM_{10} 和 $PM_{2.5}$ 的测定　重量法》（HJ 618—2011）

《环境空气　总悬浮颗粒物的测定　重量法》（GB/T 15432—1995）</td></tr>
<tr><td>TSP（mg/m^3）日均值</td><td>0.27</td></tr>
<tr><td rowspan="2">12.4</td><td>PM_{10}（mg/m^3）日均值</td><td>0.07</td></tr>
<tr><td>TSP（mg/m^3）日均值</td><td>0.12</td></tr>
<tr><td rowspan="2">12.5</td><td>PM_{10}（mg/m^3）日均值</td><td>0.12</td></tr>
<tr><td>TSP（mg/m^3）日均值</td><td>0.27</td></tr>
<tr><td rowspan="2">12.6</td><td>PM_{10}（mg/m^3）日均值</td><td>0.12</td></tr>
<tr><td>TSP（mg/m^3）日均值</td><td>0.19</td></tr>
<tr><td rowspan="2">12.7</td><td>PM_{10}（mg/m^3）日均值</td><td>0.08</td></tr>
<tr><td>TSP（mg/m^3）日均值</td><td>0.13</td></tr>
<tr><td rowspan="2">12.8</td><td>PM_{10}（mg/m^3）日均值</td><td>0.05</td></tr>
<tr><td>TSP（mg/m^3）日均值</td><td>0.11</td></tr>
<tr><td>12.8（09:24—10:24）</td><td>TSP（mg/m^3）小时值</td><td>0.24</td></tr>
<tr><td>12.8（13:40—14:40）</td><td>TSP（mg/m^3）小时值</td><td>0.21</td></tr>
<tr><td>12.8（14:50—15:50）</td><td>TSP（mg/m^3）小时值</td><td>0.02</td></tr>
<tr><td>12.8（19:50—20:50）</td><td>TSP（mg/m^3）小时值</td><td>0.14</td></tr>
</table>

中冶建筑研究总院有限公司环境检测中心 HJZ-4-B-001

检测报告

检测报告编号：TC-HB-2017-0194　　　　共 20 页，第 4 页

采样位置（编号）	采样时间	检测项目	检测结果	检测方法标准
A_3	12.3	PM_{10}（mg/m^3）日均值	0.14	《环境空气 PM_{10} 和 $PM_{2.5}$ 的测定 重量法》（HJ 618—2011） 《环境空气 总悬浮颗粒物的测定 重量法》（GB/T 15432—1995）
		TSP（mg/m^3）日均值	0.36	
	12.4	PM_{10}（mg/m^3）日均值	0.16	
		TSP（mg/m^3）日均值	0.38	
	12.5	PM_{10}（mg/m^3）日均值	0.10	
		TSP（mg/m^3）日均值	0.22	
	12.6	PM_{10}（mg/m^3）日均值	0.16	
		TSP（mg/m^3）日均值	0.38	
	12.7	PM_{10}（mg/m^3）日均值	0.03	
		TSP（mg/m^3）日均值	0.22	
	12.8	PM_{10}（mg/m^3）日均值	0.09	
		TSP（mg/m^3）日均值	0.23	
	12.8（09:18—10:18）	TSP（mg/m^3）小时值	0.38	
	12.8（13:42—14:42）	TSP（mg/m^3）小时值	0.23	
	12.8（14:53—15:53）	TSP（mg/m^3）小时值	0.14	
	12.8（19:54—20:54）	TSP（mg/m^3）小时值	0.28	

中冶建筑研究总院有限公司环境检测中心 HJZ-4-B-001

检测报告

检测报告编号：TC-HB-2017-0194　　共 20 页，第 5 页

采样位置（编号）	采样时间	检测项目	检测结果	检测方法标准
A_4	12.3	PM_{10}（mg/m^3）日均值	0.10	《环境空气　PM_{10}和$PM_{2.5}$的测定　重量法》（HJ 618—2011） 《环境空气　总悬浮颗粒物的测定　重量法》（GB/T 15432—1995）
		TSP（mg/m^3）日均值	0.15	
	12.4	PM_{10}（mg/m^3）日均值	0.13	
		TSP（mg/m^3）日均值	0.36	
	12.5	PM_{10}（mg/m^3）日均值	0.22	
		TSP（mg/m^3）日均值	0.29	
	12.6	PM_{10}（mg/m^3）日均值	0.09	
		TSP（mg/m^3）日均值	0.18	
	12.7	PM_{10}（mg/m^3）日均值	0.05	
		TSP（mg/m^3）日均值	0.20	
	12.8	PM_{10}（mg/m^3）日均值	0.16	
		TSP（mg/m^3）日均值	0.24	
	12.8（09:34—10:34）	TSP（mg/m^3）小时值	0.52	
	12.8（13:49—14:49）	TSP（mg/m^3）小时值	0.28	
	12.8（15:00—16:00）	TSP（mg/m^3）小时值	0.31	
	12.8（20:01—21:01）	TSP（mg/m^3）小时值	1.25	

中冶建筑研究总院有限公司环境检测中心 HJZ-4-B-001

检测报告

检测报告编号：TC-HB-2017-0194　　　　共20页，第6页

<table>
<tr><th>采样位置
（编号）</th><th>采样时间</th><th>检测项目</th><th>检测结果</th><th>检测方法标准</th></tr>
<tr><td rowspan="16">B_1</td><td rowspan="2">12.3</td><td>PM_{10}（mg/m^3）日均值</td><td>0.12</td><td rowspan="16">《环境空气　PM_{10}和$PM_{2.5}$的测定　重量法》（HJ 618—2011）

《环境空气　总悬浮颗粒物的测定　重量法》（GB/T 15432—1995）</td></tr>
<tr><td>TSP（mg/m^3）日均值</td><td>0.15</td></tr>
<tr><td rowspan="2">12.4</td><td>PM_{10}（mg/m^3）日均值</td><td>0.06</td></tr>
<tr><td>TSP（mg/m^3）日均值</td><td>0.16</td></tr>
<tr><td rowspan="2">12.5</td><td>PM_{10}（mg/m^3）日均值</td><td>0.14</td></tr>
<tr><td>TSP（mg/m^3）日均值</td><td>0.52</td></tr>
<tr><td rowspan="2">12.6</td><td>PM_{10}（mg/m^3）日均值</td><td>0.14</td></tr>
<tr><td>TSP（mg/m^3）日均值</td><td>0.28</td></tr>
<tr><td rowspan="2">12.7</td><td>PM_{10}（mg/m^3）日均值</td><td>0.07</td></tr>
<tr><td>TSP（mg/m^3）日均值</td><td>0.25</td></tr>
<tr><td rowspan="2">12.8</td><td>PM_{10}（mg/m^3）日均值</td><td>0.16</td></tr>
<tr><td>TSP（mg/m^3）日均值</td><td>0.36</td></tr>
<tr><td>12.8（10:36—11:36）</td><td>TSP（mg/m^3）小时值</td><td>0.43</td></tr>
<tr><td>12.8（11:36—12:36）</td><td>TSP（mg/m^3）小时值</td><td>0.21</td></tr>
<tr><td>12.8（16:04—17:04）</td><td>TSP（mg/m^3）小时值</td><td>0.30</td></tr>
<tr><td>12.8（17:04—18:04）</td><td>TSP（mg/m^3）小时值</td><td>0.56</td></tr>
</table>

中冶建筑研究总院有限公司环境检测中心 HJZ-4-B-001

检测报告

检测报告编号：TC-HB-2017-0194 共 20 页，第 7 页

采样位置（编号）	采样时间	检测项目	检测结果	检测方法标准
B_2	12.3	PM_{10}（mg/m^3）日均值	0.16	《环境空气 PM_{10} 和 $PM_{2.5}$ 的测定 重量法》（HJ 618—2011） 《环境空气 总悬浮颗粒物的测定 重量法》（GB/T 15432—1995）
		TSP（mg/m^3）日均值	0.18	
	12.4	PM_{10}（mg/m^3）日均值	0.14	
		TSP（mg/m^3）日均值	0.22	
	12.5	PM_{10}（mg/m^3）日均值	0.25	
		TSP（mg/m^3）日均值	0.27	
	12.6	PM_{10}（mg/m^3）日均值	0.32	
		TSP（mg/m^3）日均值	0.38	
	12.7	PM_{10}（mg/m^3）日均值	0.18	
		TSP（mg/m^3）日均值	0.23	
	12.8	PM_{10}（mg/m^3）日均值	0.34	
		TSP（mg/m^3）日均值	0.40	
	12.8（11:04—12:04）	TSP（mg/m^3）小时值	0.37	
	12.8（14:02—15:02）	TSP（mg/m^3）小时值	0.26	
	12.8（15:11—16:11）	TSP（mg/m^3）小时值	0.20	
	12.8（20:42—21:20）	TSP（mg/m^3）小时值	0.36	

中冶建筑研究总院有限公司环境检测中心 HJZ-4-B-001

检测报告

检测报告编号：TC-HB-2017-0194　　　　共 20 页，第 8 页

采样位置（编号）	采样时间	检测项目	检测结果	检测方法标准
B_3	12.3	PM_{10}（mg/m^3）日均值	0.13	《环境空气　PM_{10} 和 $PM_{2.5}$ 的测定　重量法》（HJ 618—2011） 《环境空气　总悬浮颗粒物的测定　重量法》（GB/T 15432—1995）
		TSP（mg/m^3）日均值	0.19	
	12.4	PM_{10}（mg/m^3）日均值	0.13	
		TSP（mg/m^3）日均值	0.22	
	12.5	PM_{10}（mg/m^3）日均值	0.11	
		TSP（mg/m^3）日均值	0.19	
	12.6	PM_{10}（mg/m^3）日均值	0.14	
		TSP（mg/m^3）日均值	0.35	
	12.7	PM_{10}（mg/m^3）日均值	0.20	
		TSP（mg/m^3）日均值	0.84	
	12.8	PM_{10}（mg/m^3）日均值	0.16	
		TSP（mg/m^3）日均值	0.18	
	12.8（09:49—10:49）	TSP（mg/m^3）小时值	1.03	
	12.8（13:58—14:58）	TSP（mg/m^3）小时值	0.52	
	12.8（15:07—16:07）	TSP（mg/m^3）小时值	0.44	
	12.8（20:20—21:20）	TSP（mg/m^3）小时值	0.23	

中冶建筑研究总院有限公司环境检测中心 HJZ-4-B-001

检测报告

检测报告编号：TC-HB-2017-0194　　　　共 20 页，第 9 页

采样位置（编号）	采样时间	检测项目	检测结果	检测方法标准
B_4	12.3	PM_{10}（mg/m^3）日均值	0.27	《环境空气　PM_{10} 和 $PM_{2.5}$ 的测定　重量法》（HJ 618—2011） 《环境空气　总悬浮颗粒物的测定　重量法》（GB/T 15432—1995）
		TSP（mg/m^3）日均值	0.45	
	12.4	PM_{10}（mg/m^3）日均值	0.16	
		TSP（mg/m^3）日均值	0.17	
	12.5	PM_{10}（mg/m^3）日均值	0.14	
		TSP（mg/m^3）日均值	0.15	
	12.6	PM_{10}（mg/m^3）日均值	0.19	
		TSP（mg/m^3）日均值	0.19	
	12.7	PM_{10}（mg/m^3）日均值	0.17	
		TSP（mg/m^3）日均值	0.21	
	12.8	PM_{10}（mg/m^3）日均值	0.16	
		TSP（mg/m^3）日均值	0.26	
	12.8（10:40—11:40）	TSP（mg/m^3）小时值	0.54	
	12.8（14:05—15:05）	TSP（mg/m^3）小时值	0.26	
	12.8（17:30—18:30）	TSP（mg/m^3）小时值	0.30	
	12.8（20:37—21:37）	TSP（mg/m^3）小时值	0.30	

中冶建筑研究总院有限公司环境检测中心 HJZ-4-B-001

检测报告

检测报告编号：TC-HB-2017-0194　　共 20 页，第 10 页

采样位置（编号）	采样时间	检测项目	检测结果	检测方法标准
C_2	12.3	PM_{10}（mg/m^3）日均值	0.06	《环境空气 PM_{10}和$PM_{2.5}$的测定 重量法》（HJ 618—2011） 《环境空气 总悬浮颗粒物的测定 重量法》（GB/T 15432—1995）
		TSP（mg/m^3）日均值	0.08	
	12.4	PM_{10}（mg/m^3）日均值	0.26	
		TSP（mg/m^3）日均值	0.29	
	12.5	PM_{10}（mg/m^3）日均值	0.31	
		TSP（mg/m^3）日均值	0.31	
	12.6	PM_{10}（mg/m^3）日均值	0.37	
		TSP（mg/m^3）日均值	0.39	
	12.7	PM_{10}（mg/m^3）日均值	0.28	
		TSP（mg/m^3）日均值	0.34	
	12.8	PM_{10}（mg/m^3）日均值	0.23	
		TSP（mg/m^3）日均值	0.25	
	12.8（09:44—10:44）	TSP（mg/m^3）小时值	0.48	
	12.8（13:55—14:55）	TSP（mg/m^3）小时值	0.35	
	12.8（15:05—16:05）	TSP（mg/m^3）小时值	0.27	
	12.8（20:00—21:00）	TSP（mg/m^3）小时值	0.16	

中冶建筑研究总院有限公司环境检测中心 HJZ-4-B-001

检测报告

检测报告编号：TC-HB-2017-0194　　共 20 页，第 11 页

采样位置（编号）	采样时间	检测项目	检测结果	检测方法标准
C_3	12.3	PM_{10}（mg/m^3）日均值	0.09	《环境空气　PM_{10}和$PM_{2.5}$的测定　重量法》（HJ 618—2011） 《环境空气　总悬浮颗粒物的测定　重量法》（GB/T 15432—1995）
		TSP（mg/m^3）日均值	0.32	
	12.4	PM_{10}（mg/m^3）日均值	0.12	
		TSP（mg/m^3）日均值	0.12	
	12.5	PM_{10}（mg/m^3）日均值	0.09	
		TSP（mg/m^3）日均值	0.14	
	12.6	PM_{10}（mg/m^3）日均值	0.07	
		TSP（mg/m^3）日均值	0.16	
	12.7	PM_{10}（mg/m^3）日均值	0.15	
		TSP（mg/m^3）日均值	0.15	
	12.8	PM_{10}（mg/m^3）日均值	0.37	
		TSP（mg/m^3）日均值	0.23	
	12.8（11:17—12:17）	TSP（mg/m^3）小时值	0.60	
	12.8（14:11—15:11）	TSP（mg/m^3）小时值	0.32	
	12.8（15:23—16:23）	TSP（mg/m^3）小时值	0.39	
	12.8（20:25—21:25）	TSP（mg/m^3）小时值	0.25	

中冶建筑研究总院有限公司环境检测中心 HJZ-4-B-001

检测报告

检测报告编号：TC-HB-2017-0194　　　　共 20 页，第 12 页

采样位置（编号）	采样时间	检测项目	检测结果	检测方法标准
C_4	12.3	PM_{10}（mg/m^3）日均值	0.17	《环境空气　PM_{10} 和 $PM_{2.5}$ 的测定　重量法》（HJ 618—2011） 《环境空气　总悬浮颗粒物的测定　重量法》（GB/T 15432—1995）
		TSP（mg/m^3）日均值	0.30	
	12.4	PM_{10}（mg/m^3）日均值	0.18	
		TSP（mg/m^3）日均值	0.25	
	12.5	PM_{10}（mg/m^3）日均值	0.04	
		TSP（mg/m^3）日均值	0.23	
	12.6	PM_{10}（mg/m^3）日均值	0.14	
		TSP（mg/m^3）日均值	0.34	
	12.7	PM_{10}（mg/m^3）日均值	0.08	
		TSP（mg/m^3）日均值	0.21	
	12.8	PM_{10}（mg/m^3）日均值	0.10	
		TSP（mg/m^3）日均值	0.26	
	12.8（11:10—12:10）	TSP（mg/m^3）小时值	0.56	
	12.8（14:08—15:08）	TSP（mg/m^3）小时值	0.28	
	12.8（15:01—16:01）	TSP（mg/m^3）小时值	0.32	
	12.8（20:00—21:00）	TSP（mg/m^3）小时值	0.30	

中冶建筑研究总院有限公司环境检测中心 HJZ-4-B-001

检测报告

检测报告编号：TC-HB-2017-0194　　　　共 20 页，第 13 页

采样位置（编号）	采样时间	检测项目	检测结果	检测方法标准
D_1	12.3	PM_{10}（mg/m^3）日均值	0.05	《环境空气　PM_{10} 和 $PM_{2.5}$ 的测定　重量法》（HJ 618—2011） 《环境空气　总悬浮颗粒物的测定　重量法》（GB/T 15432—1995）
		TSP（mg/m^3）日均值	0.09	
	12.4	PM_{10}（mg/m^3）日均值	0.07	
		TSP（mg/m^3）日均值	0.12	
	12.5	PM_{10}（mg/m^3）日均值	0.10	
		TSP（mg/m^3）日均值	0.20	
	12.6	PM_{10}（mg/m^3）日均值	0.04	
		TSP（mg/m^3）日均值	0.12	
	12.7	PM_{10}（mg/m^3）日均值	0.11	
		TSP（mg/m^3）日均值	0.14	
	12.8	PM_{10}（mg/m^3）日均值	0.12	
		TSP（mg/m^3）日均值	0.21	
	12.8（09:00—10:00）	TSP（mg/m^3）小时值	0.50	
	12.8（11:00—12:00）	TSP（mg/m^3）小时值	0.28	
	12.8（12:00—13:00）	TSP（mg/m^3）小时值	0.36	
	12.8（14:00—15:00）	TSP（mg/m^3）小时值	0.24	

中冶建筑研究总院有限公司环境检测中心 HJZ-4-B-001

检测报告

检测报告编号：TC-HB-2017-0194 共 20 页，第 14 页

采样位置（编号）	采样时间	检测项目	检测结果	检测方法标准
D_2	12.3	PM_{10}（mg/m^3）日均值	0.10	《环境空气 PM_{10}和$PM_{2.5}$的测定 重量法》（HJ 618—2011） 《环境空气 总悬浮颗粒物的测定 重量法》（GB/T 15432—1995）
		TSP（mg/m^3）日均值	0.40	
	12.4	PM_{10}（mg/m^3）日均值	0.08	
		TSP（mg/m^3）日均值	0.14	
	12.5	PM_{10}（mg/m^3）日均值	0.14	
		TSP（mg/m^3）日均值	0.43	
	12.6	PM_{10}（mg/m^3）日均值	0.18	
		TSP（mg/m^3）日均值	0.33	
	12.7	PM_{10}（mg/m^3）日均值	0.19	
		TSP（mg/m^3）日均值	0.41	
	12.8	PM_{10}（mg/m^3）日均值	0.19	
		TSP（mg/m^3）日均值	0.49	
	12.8（09:00—10:00）	TSP（mg/m^3）小时值	1.00	
	12.8（11:00—12:00）	TSP（mg/m^3）小时值	0.34	
	12.8（12:00—13:00）	TSP（mg/m^3）小时值	0.49	
	12.8（14:00—15:00）	TSP（mg/m^3）小时值	0.52	

中冶建筑研究总院有限公司环境检测中心 HJZ-4-B-001

检测报告

检测报告编号：TC-HB-2017-0194　　　　共 20 页，第 15 页

采样位置（编号）	采样时间	检测项目	检测结果	检测方法标准
D_3	12.3	PM_{10}（mg/m^3）日均值	0.07	《环境空气　PM_{10}和$PM_{2.5}$的测定　重量法》（HJ 618—2011） 《环境空气　总悬浮颗粒物的测定　重量法》（GB/T 15432—1995）
		TSP（mg/m^3）日均值	0.20	
	12.4	PM_{10}（mg/m^3）日均值	0.09	
		TSP（mg/m^3）日均值	0.16	
	12.5	PM_{10}（mg/m^3）日均值	0.14	
		TSP（mg/m^3）日均值	0.19	
	12.6	PM_{10}（mg/m^3）日均值	0.19	
		TSP（mg/m^3）日均值	0.23	
	12.7	PM_{10}（mg/m^3）日均值	0.14	
		TSP（mg/m^3）日均值	0.27	
	12.8	PM_{10}（mg/m^3）日均值	0.23	
		TSP（mg/m^3）日均值	0.31	
	12.8（09:00—10:00）	TSP（mg/m^3）小时值	1.27	
	12.8（11:00—12:00）	TSP（mg/m^3）小时值	0.52	
	12.8（12:00—13:00）	TSP（mg/m^3）小时值	0.57	
	12.8（14:00—15:00）	TSP（mg/m^3）小时值	1.27	

中冶建筑研究总院有限公司环境检测中心 HJZ-4-B-001

检测报告

检测报告编号：TC-HB-2017-0194　　　　共 20 页，第 16 页

采样位置（编号）	采样时间	检测项目	检测结果	检测方法标准
D_4	12.3	PM_{10}（mg/m^3）日均值	0.10	《环境空气　PM_{10}和$PM_{2.5}$的测定　重量法》（HJ 618—2011） 《环境空气　总悬浮颗粒物的测定　重量法》（GB/T 15432—1995）
		TSP（mg/m^3）日均值	0.24	
	12.4	PM_{10}（mg/m^3）日均值	0.08	
		TSP（mg/m^3）日均值	0.13	
	12.5	PM_{10}（mg/m^3）日均值	0.12	
		TSP（mg/m^3）日均值	0.24	
	12.6	PM_{10}（mg/m^3）日均值	0.11	
		TSP（mg/m^3）日均值	0.21	
	12.7	PM_{10}（mg/m^3）日均值	0.11	
		TSP（mg/m^3）日均值	0.18	
	12.8	PM_{10}（mg/m^3）日均值	0.26	
		TSP（mg/m^3）日均值	0.39	
	12.8（09:00—10:00）	TSP（mg/m^3）小时值	0.54	
	12.8（11:00—12:00）	TSP（mg/m^3）小时值	0.31	
	12.8（12:00—13:00）	TSP（mg/m^3）小时值	0.42	
	12.8（14:00—15:00）	TSP（mg/m^3）小时值	0.70	

中冶建筑研究总院有限公司环境检测中心 HJZ-4-B-001

检测报告

检测报告编号：TC-HB-2017-0194　　　　共 20 页，第 17 页

采样位置（编号）	采样时间	检测项目	检测结果	检测方法标准
E_2	12.3	PM_{10}（mg/m^3）日均值	0.18	《环境空气　PM_{10} 和 $PM_{2.5}$ 的测定　重量法》（HJ 618—2011） 《环境空气　总悬浮颗粒物的测定　重量法》（GB/T 15432—1995）
		TSP（mg/m^3）日均值	0.23	
	12.4	PM_{10}（mg/m^3）日均值	0.08	
		TSP（mg/m^3）日均值	0.21	
	12.5	PM_{10}（mg/m^3）日均值	0.14	
		TSP（mg/m^3）日均值	0.30	
	12.6	PM_{10}（mg/m^3）日均值	0.10	
		TSP（mg/m^3）日均值	0.22	
	12.7	PM_{10}（mg/m^3）日均值	0.12	
		TSP（mg/m^3）日均值	0.22	
	12.8	PM_{10}（mg/m^3）日均值	0.14	
		TSP（mg/m^3）日均值	0.26	
	12.8（09:00—10:00）	TSP（mg/m^3）小时值	1.09	
	12.8（11:00—12:00）	TSP（mg/m^3）小时值	0.33	
	12.8（12:00—13:00）	TSP（mg/m^3）小时值	0.42	
	12.8（14:00—15:00）	TSP（mg/m^3）小时值	0.30	

中冶建筑研究总院有限公司环境检测中心 HJZ-4-B-001

检测报告

检测报告编号：TC-HB-2017-0194 共 20 页，第 18 页

采样位置（编号）	采样时间	检测项目	检测结果	检测方法标准
E_3	12.3	PM_{10}（mg/m^3）日均值	0.12	《环境空气 PM_{10}和 $PM_{2.5}$的测定 重量法》（HJ 618—2011） 《环境空气 总悬浮颗粒物的测定 重量法》（GB/T 15432—1995）
		TSP（mg/m^3）日均值	0.21	
	12.4	PM_{10}（mg/m^3）日均值	0.12	
		TSP（mg/m^3）日均值	0.33	
	12.5	PM_{10}（mg/m^3）日均值	0.14	
		TSP（mg/m^3）日均值	0.38	
	12.6	PM_{10}（mg/m^3）日均值	0.13	
		TSP（mg/m^3）日均值	0.28	
	12.7	PM_{10}（mg/m^3）日均值	0.11	
		TSP（mg/m^3）日均值	0.35	
	12.8	PM_{10}（mg/m^3）日均值	0.14	
		TSP（mg/m^3）日均值	0.33	
	12.8（09:00—10:00）	TSP（mg/m^3）小时值	0.58	
	12.8（11:00—12:00）	TSP（mg/m^3）小时值	0.32	
	12.8（12:00—13:00）	TSP（mg/m^3）小时值	0.42	
	12.8（14:00—15:00）	TSP（mg/m^3）小时值	0.88	

中冶建筑研究总院有限公司环境检测中心 HJZ-4-B-001

检测报告

检测报告编号：TC-HB-2017-0194　　共 20 页，第 19 页

采样位置（编号）	采样时间	检测项目	检测结果	检测方法标准
E_4	12.3	PM_{10}（mg/m^3）日均值	0.14	《环境空气　PM_{10} 和 $PM_{2.5}$ 的测定　重量法》（HJ 618—2011） 《环境空气　总悬浮颗粒物的测定　重量法》（GB/T 15432—1995）
		TSP（mg/m^3）日均值	0.35	
	12.4	PM_{10}（mg/m^3）日均值	0.15	
		TSP（mg/m^3）日均值	0.32	
	12.5	PM_{10}（mg/m^3）日均值	0.17	
		TSP（mg/m^3）日均值	0.38	
	12.6	PM_{10}（mg/m^3）日均值	0.17	
		TSP（mg/m^3）日均值	0.38	
	12.7	PM_{10}（mg/m^3）日均值	0.14	
		TSP（mg/m^3）日均值	0.36	
	12.8	PM_{10}（mg/m^3）日均值	0.13	
		TSP（mg/m^3）日均值	0.32	
	12.8（09:00—10:00）	TSP（mg/m^3）小时值	0.57	
	12.8（11:00—12:00）	TSP（mg/m^3）小时值	0.32	
	12.8（12:00—13:00）	TSP（mg/m^3）小时值	0.64	
	12.8（14:00—15:00）	TSP（mg/m^3）小时值	0.32	

中冶建筑研究总院有限公司环境检测中心 HJZ-4-B-001

检测报告

检测报告编号：TC-HB-2017-0194　　　　共 20 页，第 20 页

表 1　现场采样气象情况

采样日期	风向	风速/（m/s）	气温/℃	气压/kPa
12.3	西北	1～2	1	102.1
12.4	西北	2～4	−1	102.0
12.5	北风	0.5～1	3.1	102.1
12.6	北风	0～1.5	2.4	102.3
12.7	西北	0.5～1	5.2	101.7
12.8	西北	1.5～5	−0.1	103.2

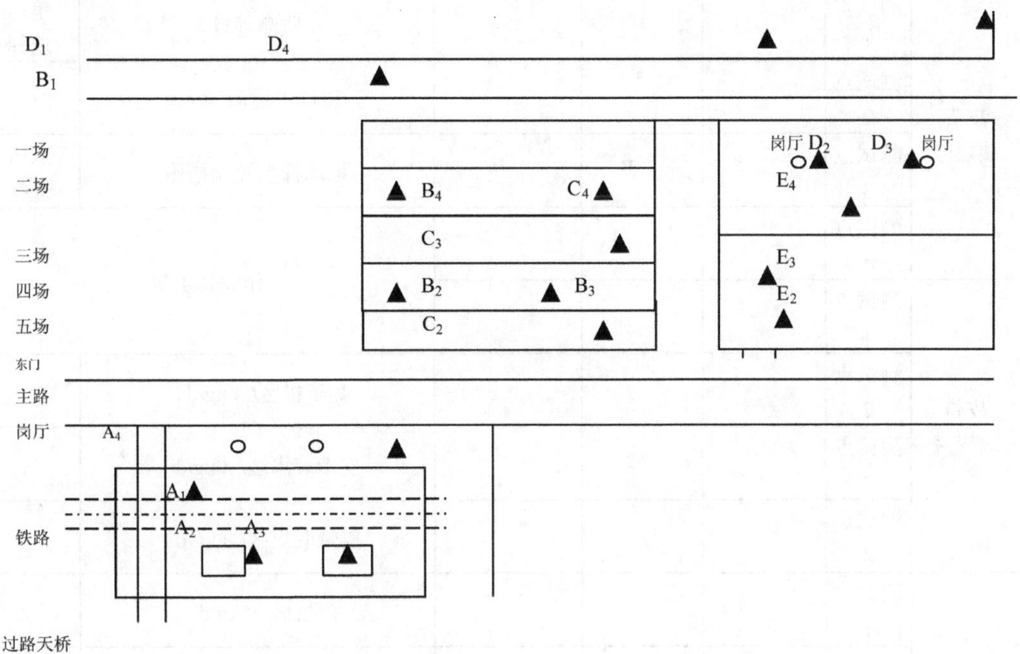

图 1　噪声监测位置（▲为监测点）

附件 2 核算工具

天津市煤炭堆存、装卸过程大气应税污染物排放量简易核算工具

<table>
<tr><td colspan="2">测试点位</td><td>下风向距离/m</td><td>采样持续时间/h</td><td>浓度值/（mg/m^3）</td><td colspan="2" rowspan="2">测试环境条件</td></tr>
<tr><td rowspan="4">翻车机区</td><td>测试点1</td><td></td><td></td><td></td></tr>
<tr><td>测试点2</td><td></td><td></td><td></td><td>采样日期</td><td>月 日</td></tr>
<tr><td>测试点3</td><td></td><td></td><td></td><td>云量情况</td><td>单击选择</td></tr>
<tr><td>测试点4</td><td></td><td></td><td></td><td>地面风速/（m/s）</td><td></td></tr>
<tr><td rowspan="4">皮带装煤区</td><td>测试点1</td><td></td><td></td><td></td><td>监测项目</td><td>单击选择</td></tr>
<tr><td>测试点2</td><td></td><td></td><td></td><td>料堆占地面积/m^2</td><td></td></tr>
<tr><td>测试点3</td><td></td><td></td><td></td><td>堆场抑尘控制措施</td><td>点击选择</td></tr>
<tr><td>测试点4</td><td></td><td></td><td></td><td colspan="2" rowspan="2">作业扬尘量</td></tr>
<tr><td rowspan="4">皮带取煤区</td><td>测试点1</td><td></td><td></td><td></td></tr>
<tr><td>测试点2</td><td></td><td></td><td></td><td>翻车机区/（kg/d）</td><td></td></tr>
<tr><td>测试点3</td><td></td><td></td><td></td><td>皮带装煤区/（kg/d）</td><td></td></tr>
<tr><td>测试点4</td><td></td><td></td><td></td><td>皮带取煤区/（kg/d）</td><td></td></tr>
<tr><td rowspan="4">门机区</td><td>测试点1</td><td></td><td></td><td></td><td>门机区/（kg/d）</td><td></td></tr>
<tr><td>测试点2</td><td></td><td></td><td></td><td>作业扬尘量合计/（kg/d）</td><td></td></tr>
<tr><td>测试点3</td><td></td><td></td><td></td><td>静态扬尘量/kg</td><td></td></tr>
<tr><td>测试点4</td><td></td><td></td><td></td><td>煤炭堆存、装卸应税污染物排放量/kg</td><td></td></tr>
</table>

主要参数解释说明：

（1）下风向距离：作业过程中颗粒物产生的位置距离监测点位距离，m；

（2）采样持续时间：监测取样时间，h；

（3）地面风速：堆场内监测风速，m/s；

（4）浓度值：监测点位浓度的日均值，mg/m^3；

（5）料堆占地面积：煤炭堆场占地面积，m^2；

（6）监测项目：根据实际监测情况填写 TSP 或者 PM_{10}；

（7）云量情况：按实际天气情况填写，晴、晴/多云、多云、多云/阴、阴；

（8）堆场抑尘控制措施：按实际情况选择无控制措施、定期洒水、化学覆盖剂或苫盖、定期洒水+化学覆盖剂或苫盖、全封闭。